EAST ANGLIA
Regional Road Atlas

CONTENTS

Key to Map Pages............ 2-3
Road Maps...................... 4-42
Index to Towns and Villages.......... 43-55
Town Plans, Airport & Port Plans... 56-60

REFERENCE

MOTORWAY	M1
Under Construction	
Proposed	
MOTORWAY JUNCTIONS WITH NUMBERS	
Unlimited interchange 6 Limited interchange 7	
MOTORWAY SERVICE AREA	SOUTH MIMMS (S)
with access from one carriageway only	(S)
MAJOR ROAD SERVICE AREAS	BABRAHAM
with 24 hour Facilities	61 (S)
PRIMARY ROUTE _ (with junction number)	A14
PRIMARY ROUTE DESTINATION	DISS
DUAL CARRIAGEWAYS (A & B Roads)	
CLASS A ROAD	A143
CLASS B ROAD	B1113
MAJOR ROADS UNDER CONSTRUCTION	
MAJOR ROADS PROPOSED	
GRADIENT 1:5(20%) & STEEPER (Ascent in direction of arrow)	«
TOLL	TOLL
MILEAGE BETWEEN MARKERS	8
RAILWAY AND STATION	
LEVEL CROSSING AND TUNNEL	
RIVER OR CANAL	
COUNTY OR UNITARY AUTHORITY BOUNDARY	
NATIONAL BOUNDARY	+++
BUILT-UP AREA	
VILLAGE OR HAMLET	
WOODED AREA	
SPOT HEIGHT IN FEET	• 813
HEIGHT ABOVE SEA LEVEL	400'-1,000' 122m-305m / 1,000'-1,400' 305m-427m / 1,400'-2,000' 427m-610m / 2,000'+ 610m+
NATIONAL GRID REFERENCE (Kilometres)	100
AREA COVERED BY TOWN PLAN	SEE PAGE 57

TOURIST INFORMATION

AIRPORT	✈
AIRFIELD	
HELIPORT	
BATTLE SITE AND DATE	⚔ 1066
CASTLE (Open to Public)	
CASTLE WITH GARDEN (Open to Public)	
CATHEDRAL, ABBEY, CHURCH, FRIARY, PRIORY	
COUNTRY PARK	
FERRY (Vehicular)	
(Foot only)	
GARDEN (Open to Public)	
GOLF COURSE 9 HOLE ▶ 18 HOLE	▶₁₈
HISTORIC BUILDING (Open to Public)	
HISTORIC BUILDING WITH GARDEN (Open to Public)	
HORSE RACECOURSE	
INFORMATION CENTRE	i
LIGHTHOUSE	
MOTOR RACING CIRCUIT	
MUSEUM, ART GALLERY	
NATIONAL PARK OR FOREST PARK	
NATIONAL TRUST PROPERTY (Open)	NT
(Restricted Opening)	NT
NATURE RESERVE OR BIRD SANCTUARY	
NATURE TRAIL OR FOREST WALK	
PLACE OF INTEREST	Monument
PICNIC SITE	
RAILWAY, STEAM OR NARROW GAUGE	
THEME PARK	
VIEWPOINT 360 degrees	
180 degrees	
WILDLIFE PARK	
WINDMILL	
ZOO OR SAFARI PARK	

SCALE

0 1 2 3 4 5 6 Miles
0 1 2 3 4 5 6 7 8 9 10 Kilometres

1:158,400
2.5 Miles to 1 Inch

GEOGRAPHERS' A-Z Map Company Ltd
Head Office : (General Enquiries & Trade Sales)
Fairfield Road, Borough Green, Sevenoaks,
Kent TN15 8PP Telephone: 01732 781000
Showrooms : (Retail Sales)
44 Gray's Inn Road, London, WC1X 8HX
Telephone: 020 7440 9500
www.a-zmaps.co.uk

Edition 6 2003   © Copyright of Geographers' A-Z Map Company Ltd. 2003
No reproduction by any method whatsoever of any part of this publication is permitted without the prior consent of the copyright owners.

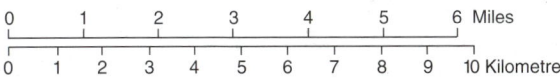 This product includes mapping data licenced from Ordnance Survey® with the permission of the Controller of Her Majesty's Stationery Office. © Crown Copyright 2003. Licence number 100017302.

The Shopmobility logo is a registered symbol of The National Federation of Shopmobility.

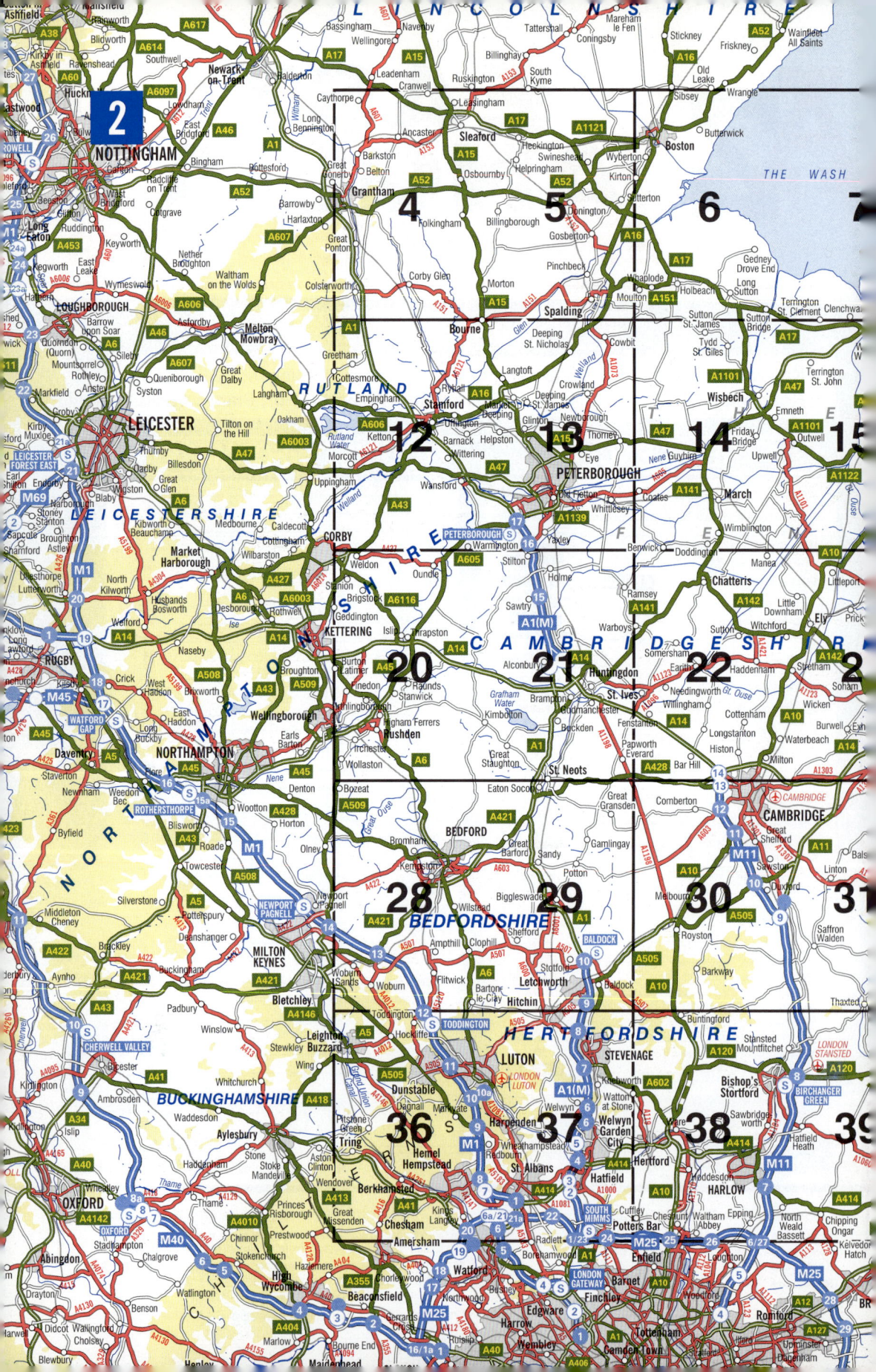

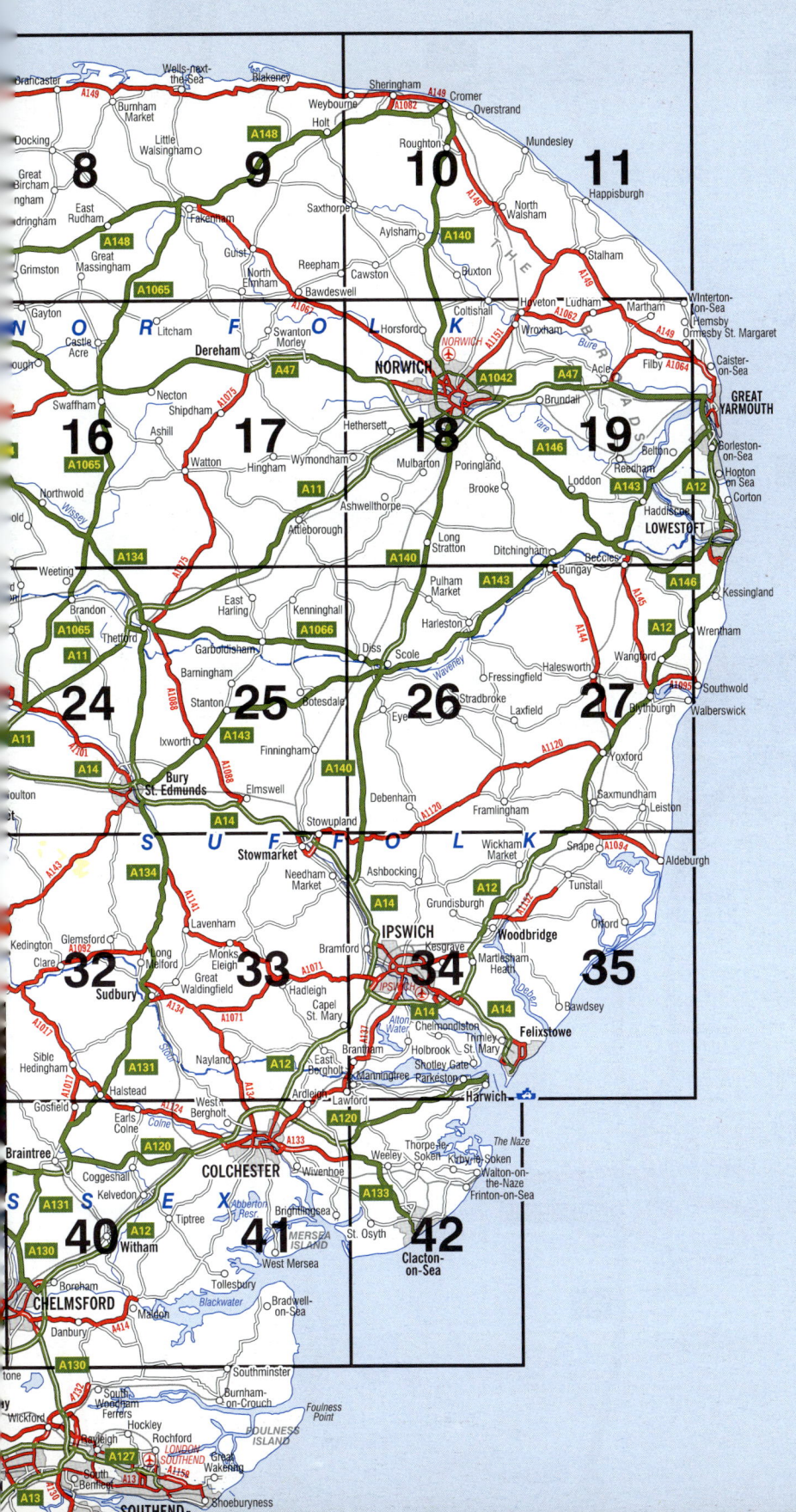

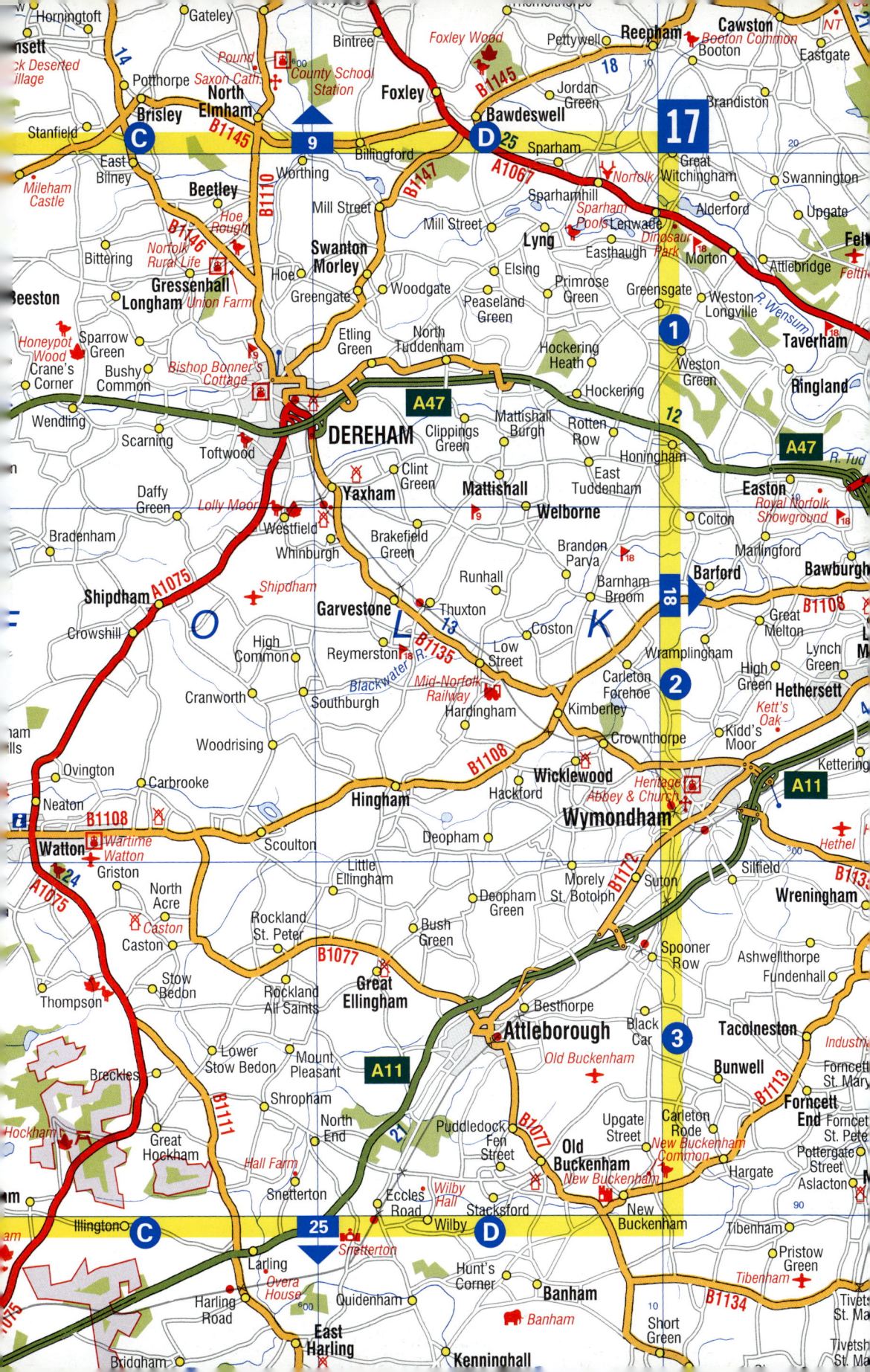

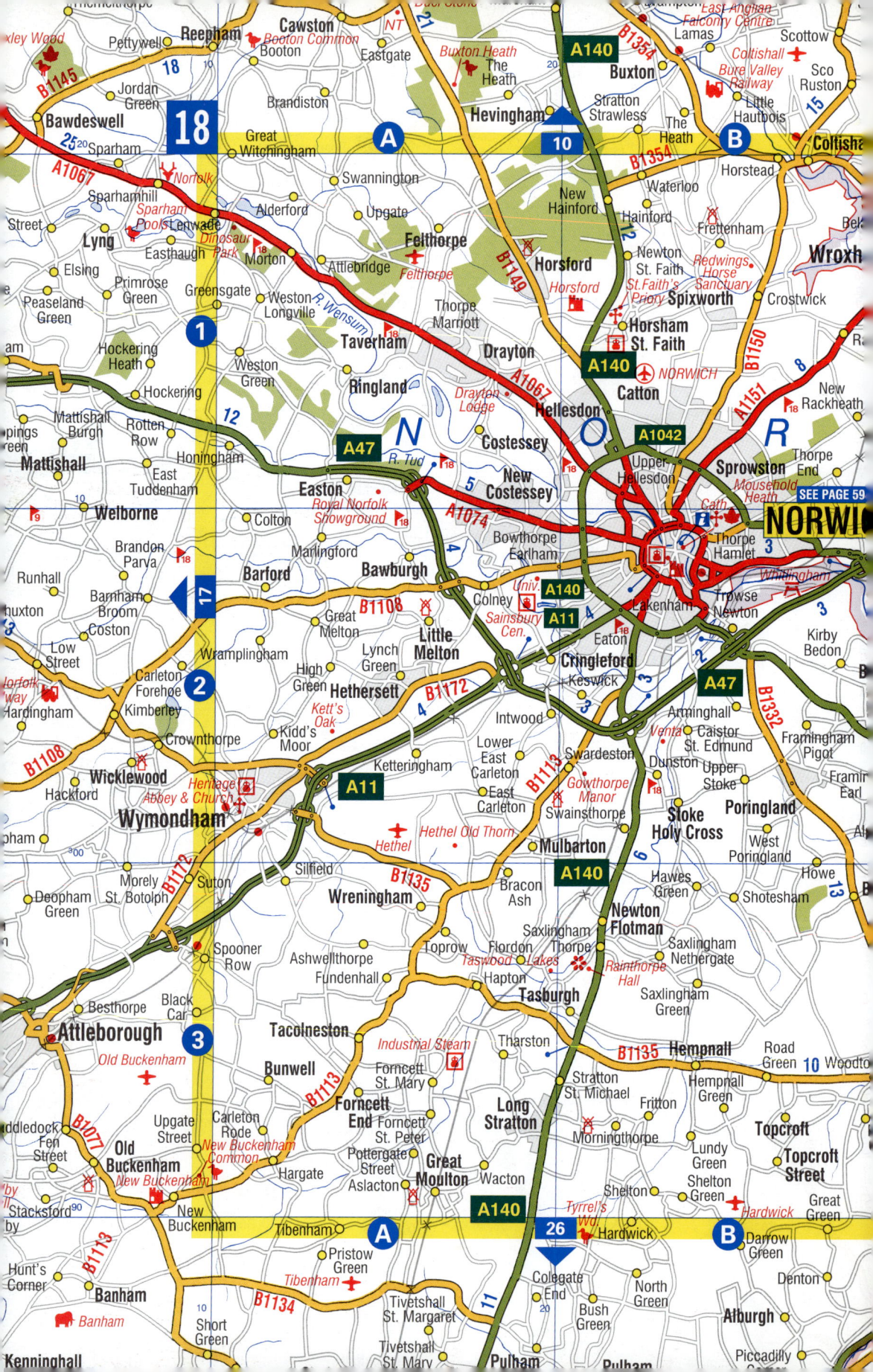

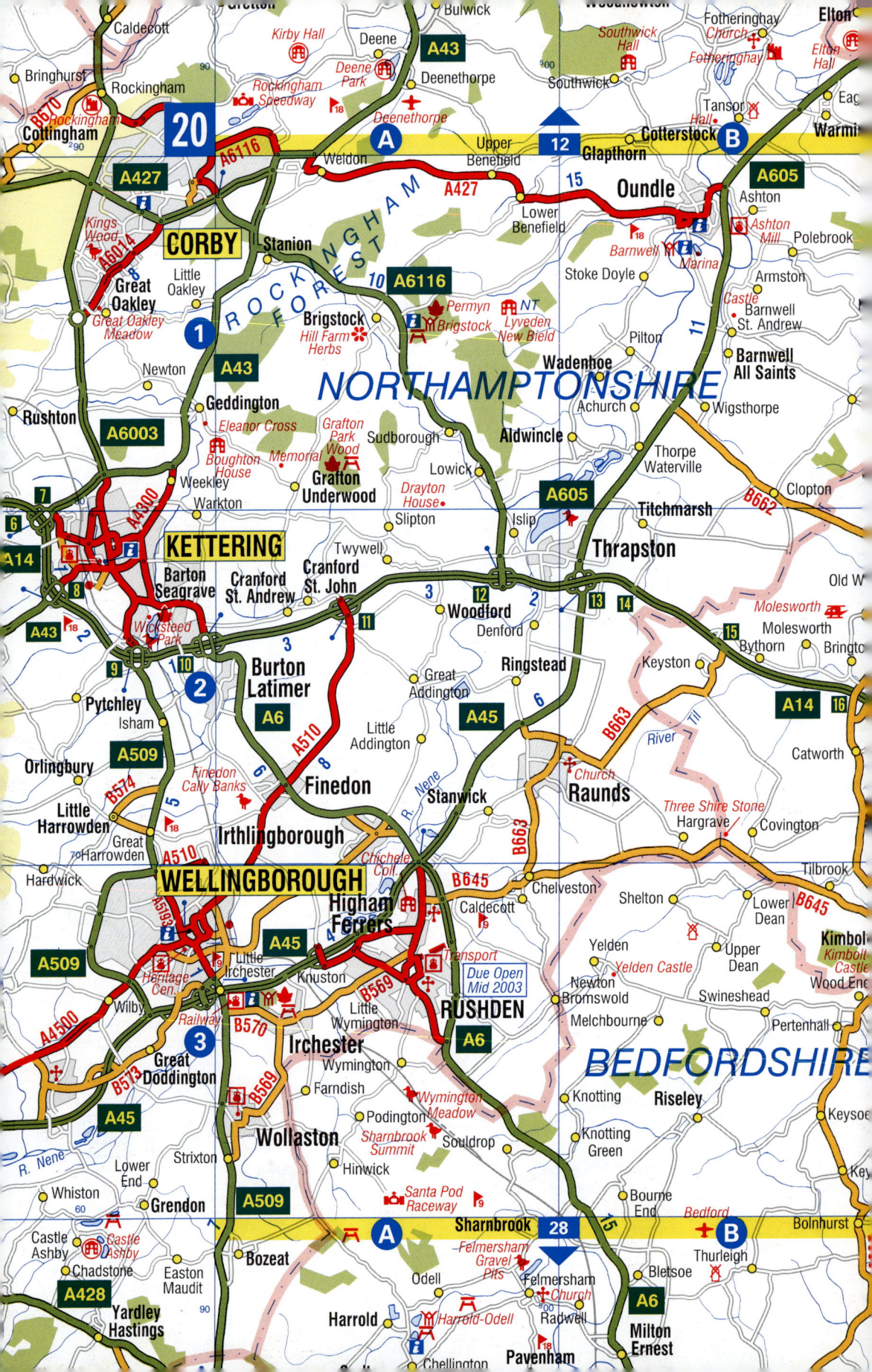

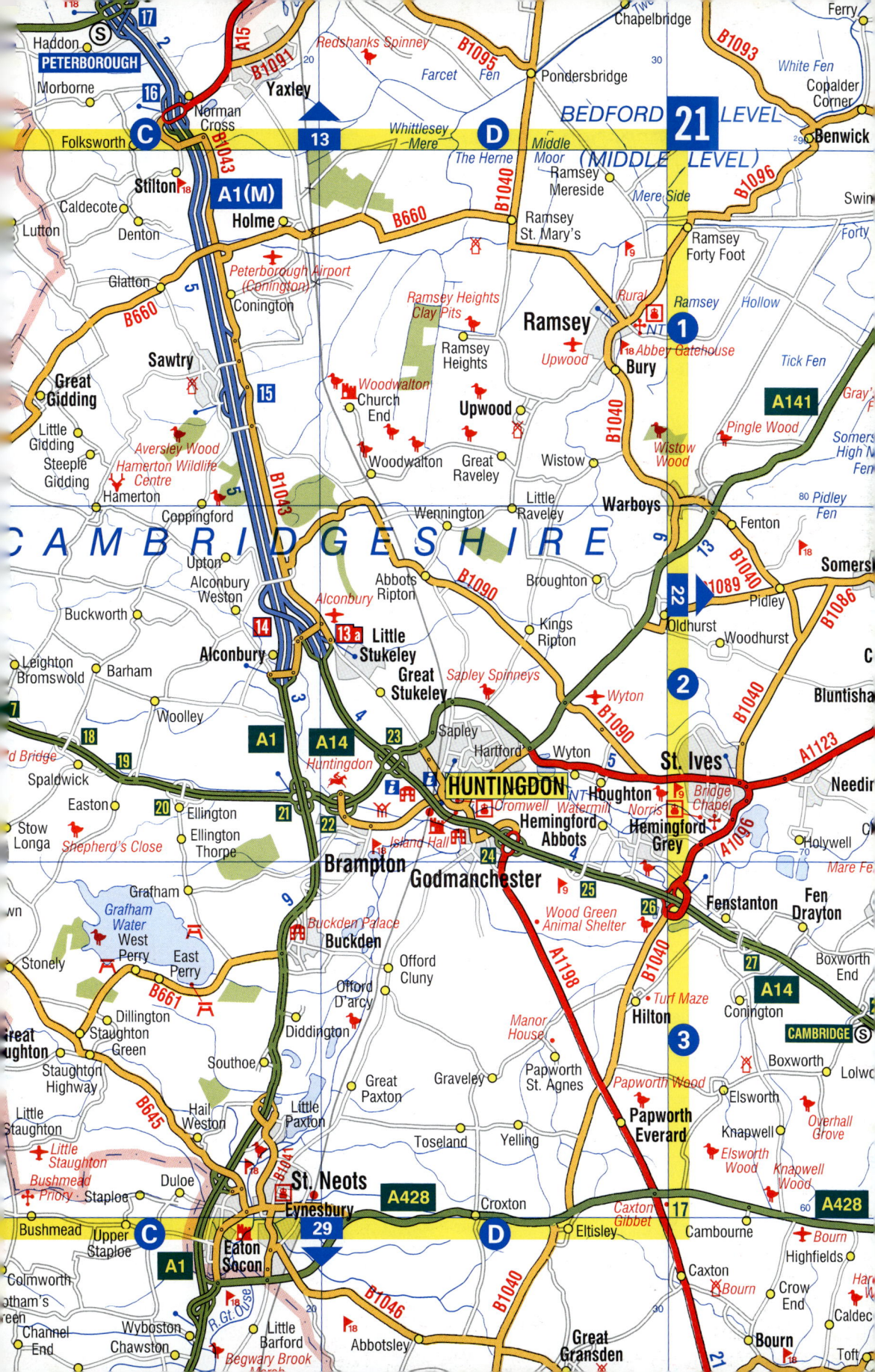

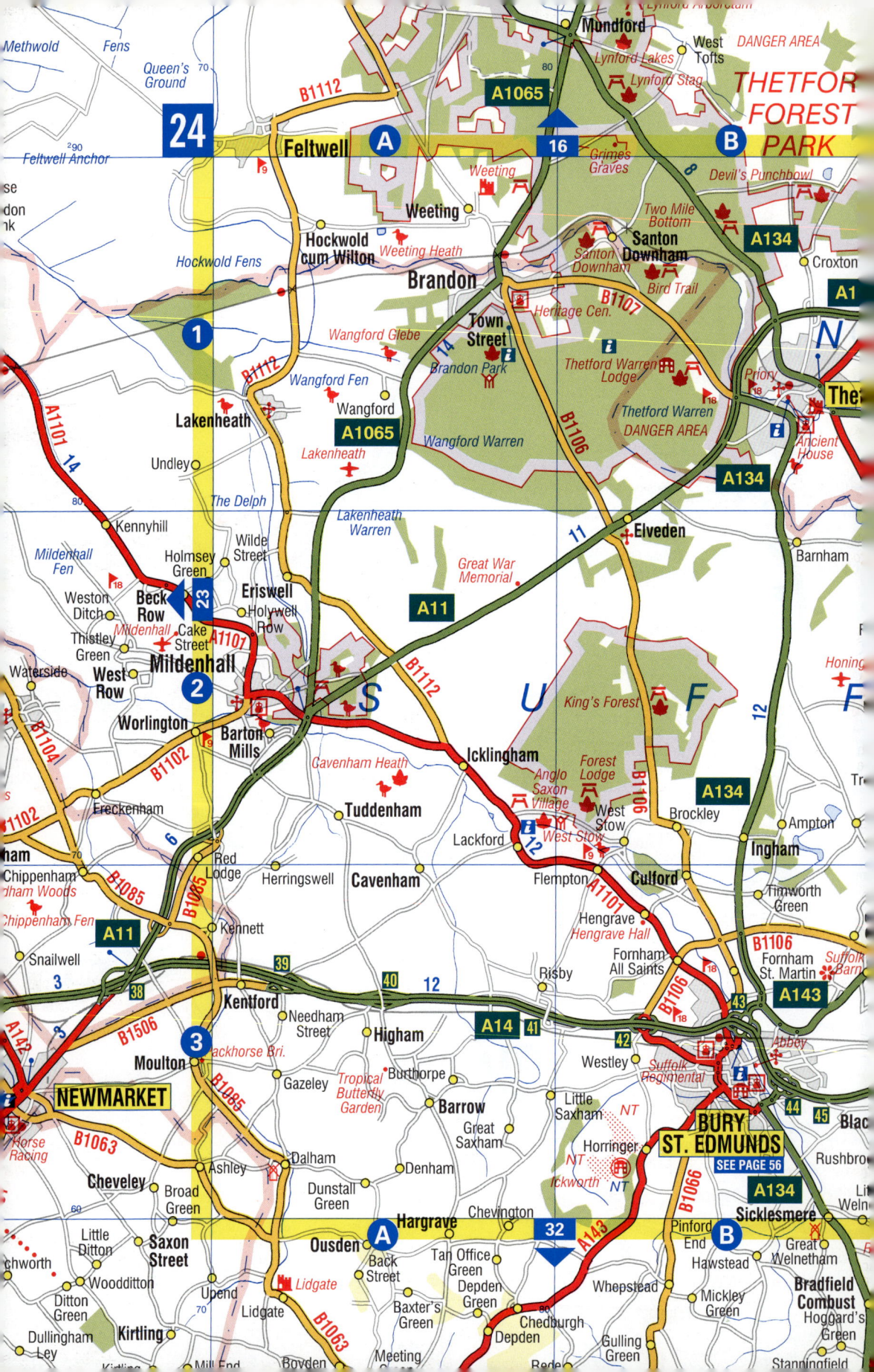

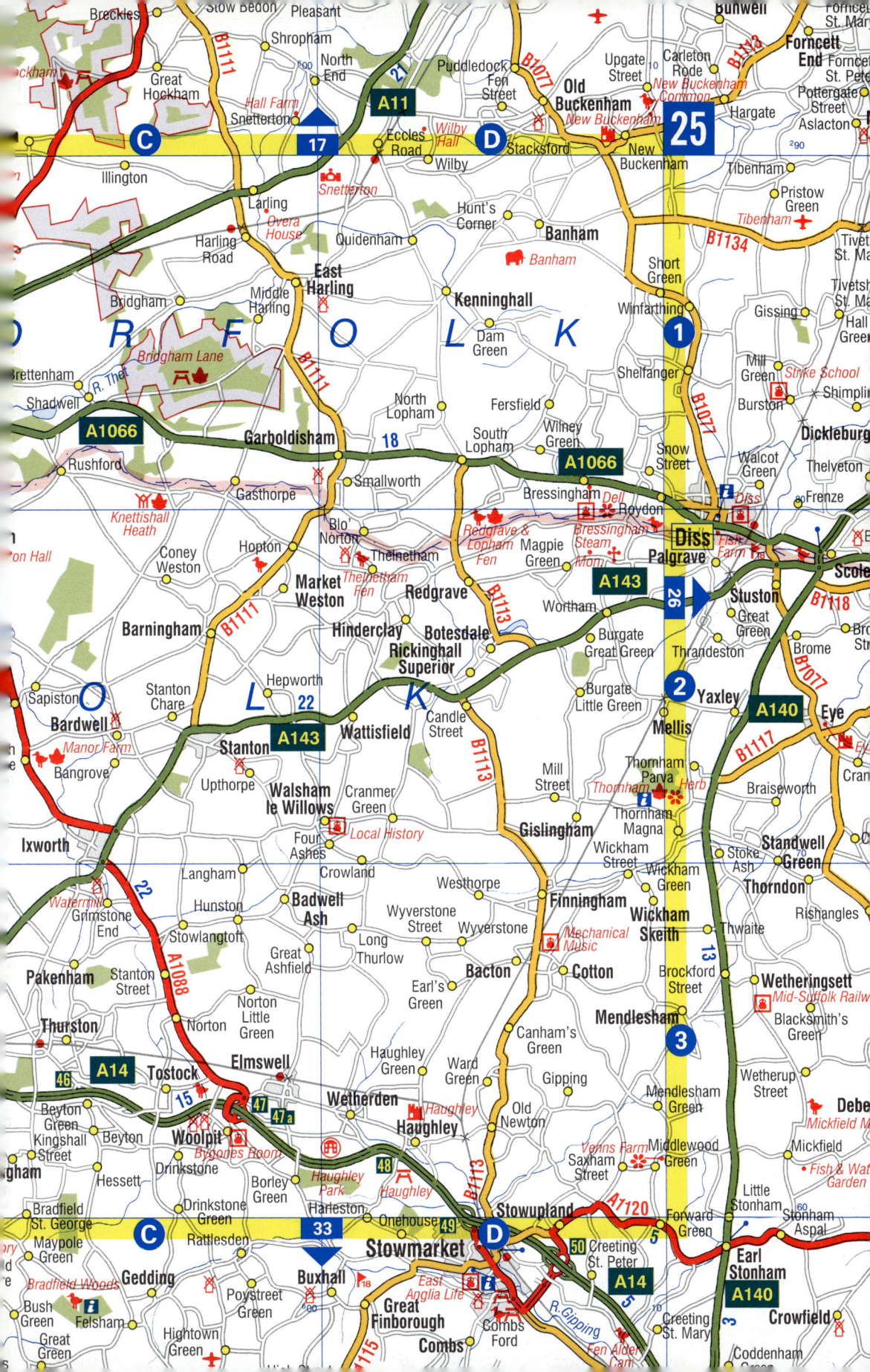

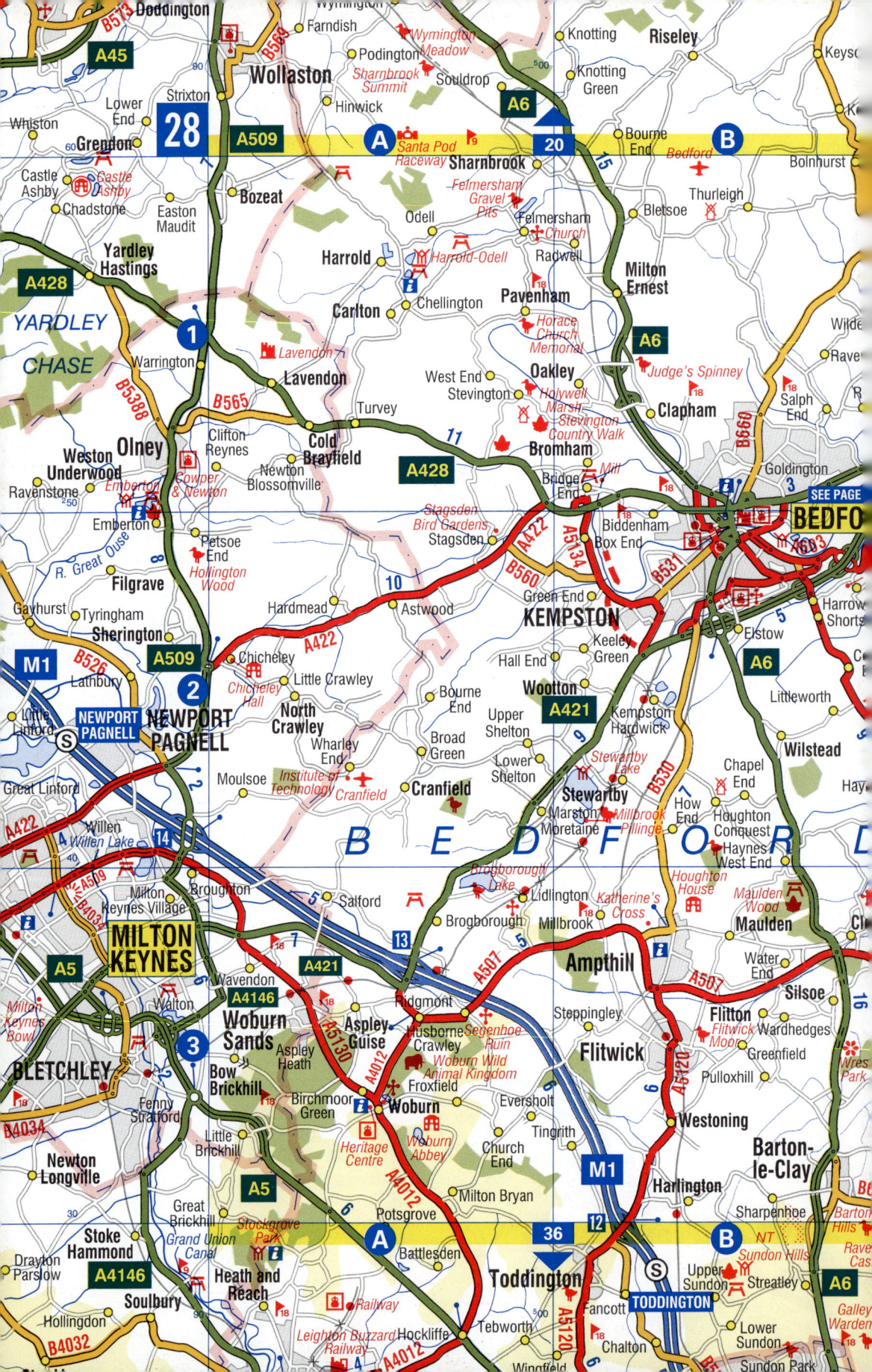

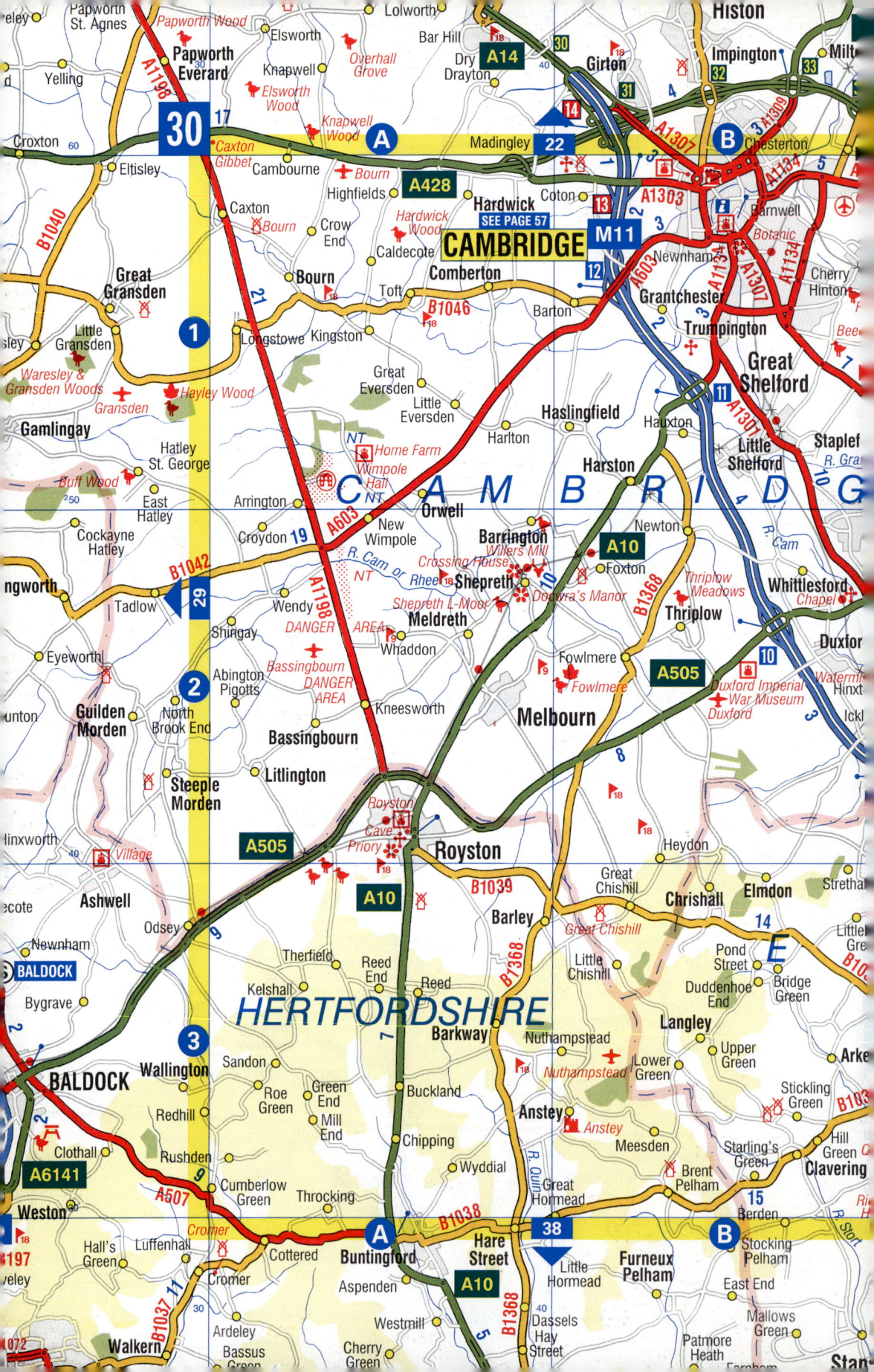

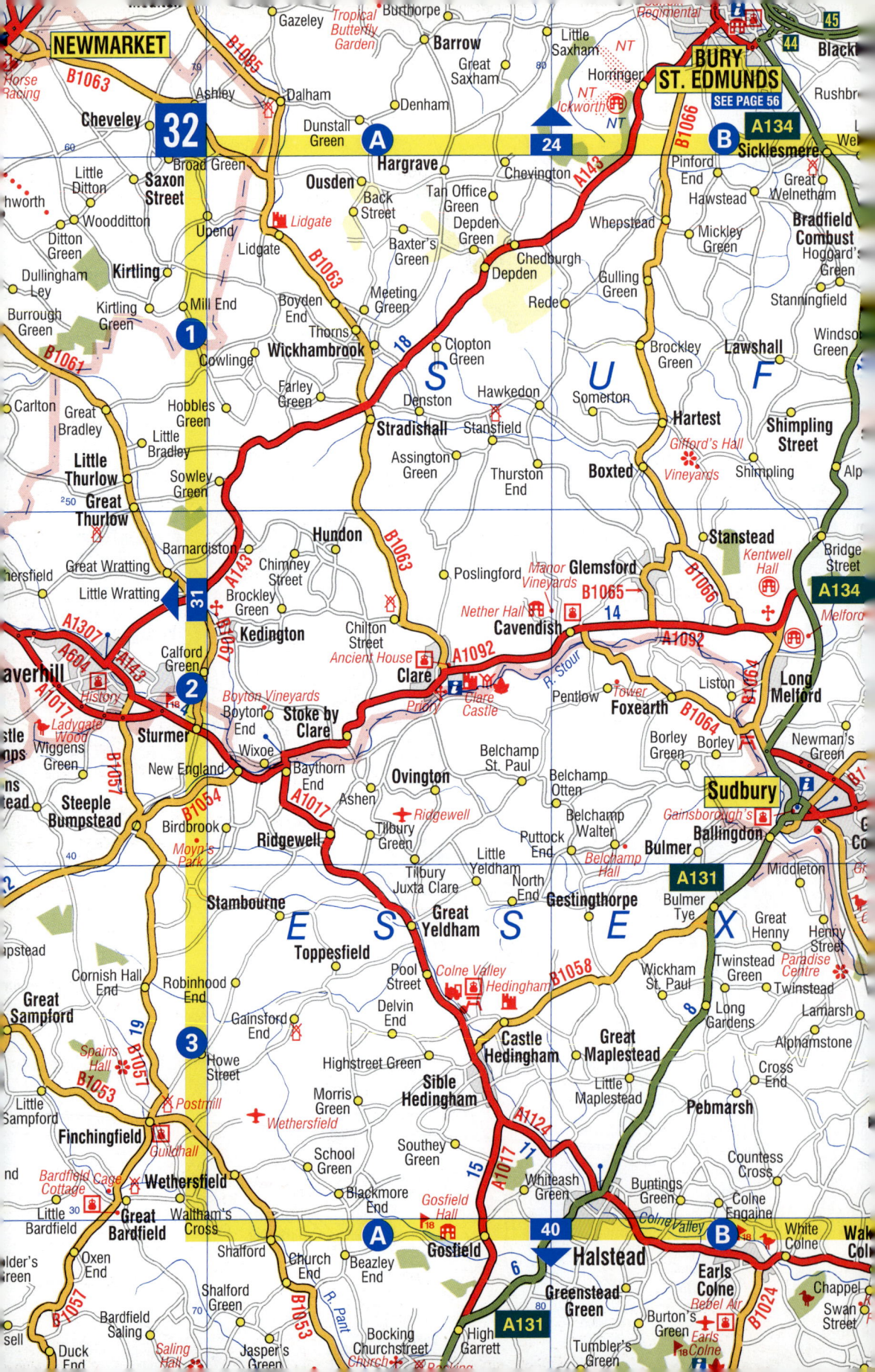

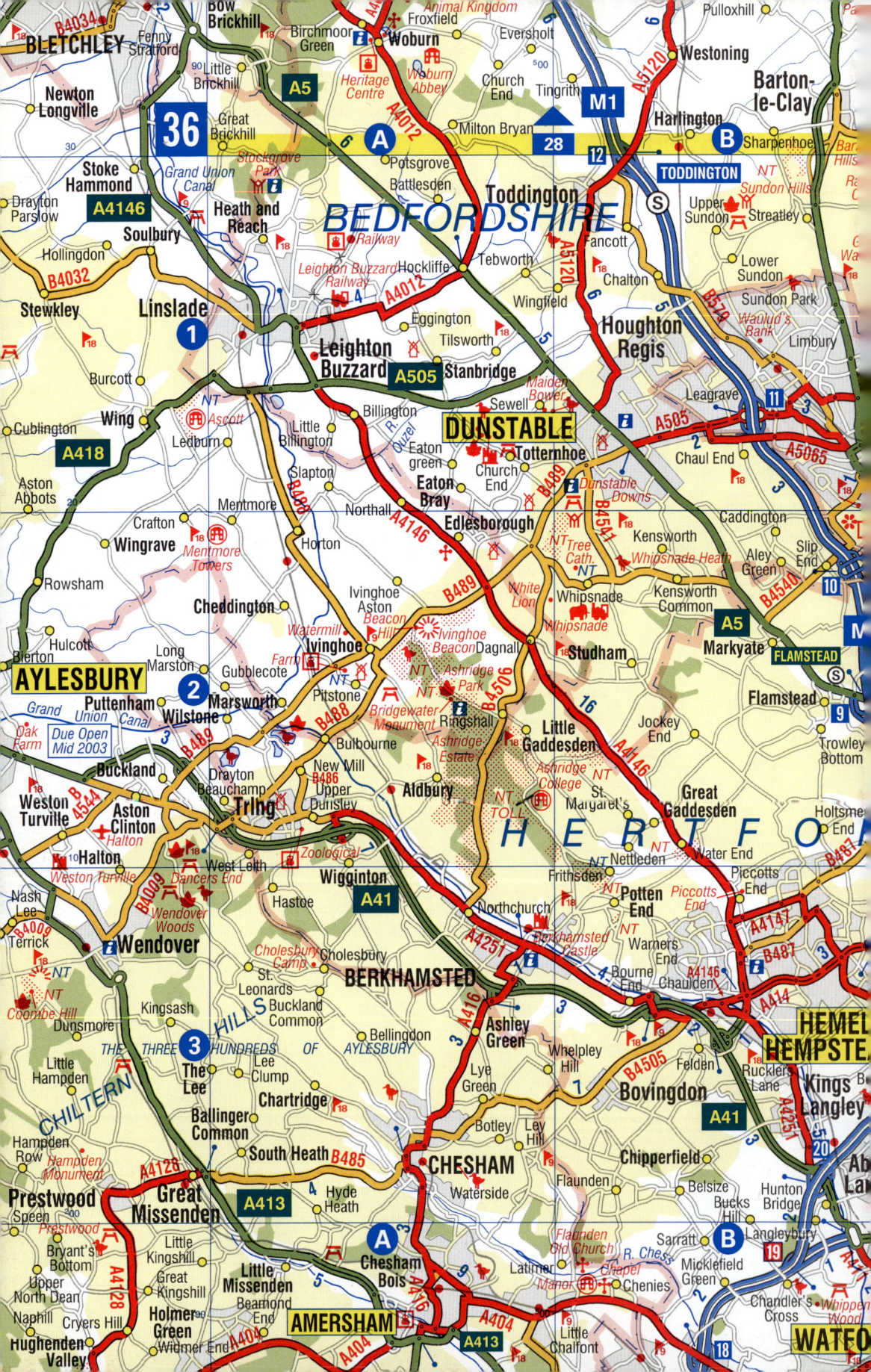

37
38
Shillington
LETCHWORTH
BALDOCK
Wallington
Apsley End
Holwell
Standalone Farm Centre
Garden
Roe Green
Green End
Mill End
Redhill
Pirton
Cadwell
Icklefield
Letchworth
Clothall
Rushden
Oughton Head Common
A600
A505
A6141
A507
Pegsdon
Walsworth
William
Weston
Throcking
Westmill
HITCHIN
A1(M)
B197
Cromer
Cottered
Buntingford
Telegraph Hill
B655
A602
Great Wymondley
Hall's Green
Luffenhall
Aspenden
Charlton
St. Ippollitts
Graveley
B1037
Great Offley
Gosmore
Little Wymondley
Ardeley
Offley Hoo
A1072
Walkern
Bassus Green
Cherry Green
Ley Green
Preston
B656
A1155
STEVENAGE
Wood End
Great Munden
Stopsley
Hitchin
Rush Green
Stevenage
Aston End
Benington
Cockernhoe
Hill End
Shephall
Haultwick
King's Walden
B651
Benington Lordships
Green End
SEE PAGE 59
LUTON
Breachwood Green
St. Paul's Walden
Langley
Aston
Hebing End
Levens Green
Bendish
Water Hall Farm
Old Knebworth
A602
Bragbury End
Hook's Cross
Dane End
LONDON LUTON
Whitwell
Knebworth Ho.
Homewood
Knebworth
Watton at Stone
Standon Green End
Someries
Sacombe
Chiltern Green
Peter's Green
Kimpton
Rableyheath
B197
Woolmer Green
Datchworth
Datchworth Green
High Cross
A602
A119
East Hyde
Codicote
B656
A1(M)
Bull's Green
Wadesmill
Tonwell
B652
Ayot St. Lawrence
Blackmore End
Burnham Green
Stapleford
B158
Mackerye End
Shaw's Corner NT
Roman Baths
Harmer Green
Chapmore End
The Folly
B651
Welwyn
Digswell
Bramfield
Viaduct
Tewin
Ayot St. Peter
A1081
Ayot Green
Waterford
R. Rib
HARPENDEN
B653
B197
B1000
HERTFORD
Hatching Green
Wheathampstead
B195
Panshanger
Amwell
B487
WELWYN GARDEN CITY
Redbourn
Coleman Green
Lemsford
Hertingfordbury
Stanborough
Hatfield Hyde
Cole Green
B1197
Hertford Heath
Childwick Green
Sandridge
A1000
Mill
Letty Green
R. Lee
B158
New Greens
B651
Hatfield
A414
A10
Marshalswick
HATFIELD
Old Palace
Essendon
Old Verulamium
Townsend
Fleetville
Ellenbrook
West End
Bayford
Stratton's Folly
HODDESDON
Roman Theatre
Verulamium Roman Town
A1057
B6426
Hatfield House
Little Berkhamsted
Paradise
ST. ALBANS
Organ
A414
Woodside
A1000
Epping Green
M10
Potters Crouch
Colney Heath
Welham Green
Wormley Wood
Rose
Chiswell Green
Park Street
London Colney
Brookmans Park
B158
Northaw Great Wood
Newgate Street
Hammond Street
A1081
Frogmore
A1(M)
Water End
B157
Cuffley
B156
Castle
South Mimms
POTTERS BAR
Northaw Place
Northaw
Goff's Oak
Colney Street
Mosquito Aircraft
A1000
B156
CHESHUNT
Bricket Wood
B556
B5378
Shenleybury
SOUTH MIMMS
B198
M1
RADLETT
Shenley
Ridge
M25
A1
Crews Hill
Capel Manor
Aldenham
B462
A5183
Green Street
Bentley Heath
A111
Forty Hill
Letchmore Heath
A1081
Botany Bay
A10
Forty Hall
BOREHAMWOOD
Monken Hadley
Hadley Wood
A1005
Trent Pk
ENFIELD
Patchetts Green
Elstree
Film Studios
High Barnet
Cockfosters
A1010

38
BALDOCK
Wallington
Roe Green
Green End
Mill End
Buckland
A10
Nuthampstead
Green
Stickling Green
Redhill
Clothall
A6141
A507
Rushden
Chipping
Anstey
Anstey
Meesden
Starling's Green
Brent Pelham
Hill Green
Clavering
Wyddial
B1368
R. Quin
Weston
Cumberlow Green
Throcking
A
30
B
15
Berden
Cromer
B1038
Great Hormead
Stocking Pelham
197
Hall's Green
Luffenhall
Cottered
Buntingford
Hare Street
Little Hormead
Furneux Pelham
Cromer
Aspenden
East End
Dassels
B1037
Westmill
Mallows Green
Patmore Heath
Ardeley
Hay Street
1072
Walkern
Bassus Green
Cherry Green
Farnham Green
A1155
Clay End
Wood End
Braughing
Albury
Clapgate
Great Munden
STEVENAGE
1
Nasty
Upwick Green
Stevenage
Aston End
A120
BISHOP'S STORTFORD
Shephall
Benington
Haultwick
A10
Puckeridge
Standon
Little Hadham
Benington Lordships
Levens Green
Church
Wellpond Green
Hadham Ford
Aston
Green End
Hebing End
HERTFORDSHIRE
A602
Bragbury End
Dane End
Colliers End
Bromley
Bury Green
Knebworth
Hook's Cross
Latchford
R. Ash
B1004
Rhodes
B197
Watton at Stone
Standon Green End
Forge
Much Hadham
Thorley Street
Datchworth
Sacombe
Barwick
Woolmer Green
Datchworth Green
High Cross
Hadham Cross
Thorley
A1184
A602
Little Hallingbury
Bull's Green
37
A119
Wadesmill
Tonwell
Green Tye
Perry Green
Harmer Green
Burnham Green
Stapleford
B158
Thundridge
Babb's Green
Allen's Green
Spellbrook
Digswell
Chapmore End
Bramfield
Viaduct
Wareside
Widford
Sawbridgeworth
Tewin
2
Waterford
R. Rib
Ware
WARE
Priory
HERTFORD
Hunsdon
High Wych
B1004
B1000
B195
Grotto
B180
Panshanger
WELWYN GARDEN CITY
Great Amwell
Stanstead Abbotts
A414
Eastwick
Pye Corner
Hertingfordbury
St. Margarets
B1197
Hatfield Hyde
Cole Green
HARLOW
Harlow
Mark Hall
Hertford Heath
Letty Green
R. Lee
B158
Mill
Haileybury
Rye Ho.
TOLL
Roydon
Hare Street
A1025
Church Langley
A414
Rye House Marsh
Rye Ho.
B181
Potter Street
Essendon
A10
Great Parndon
Old Palace
Bayford
Nether Hall
Roydon Hamlet
West End
Stratton's Folly
HODDESDON
Little Berkhamsted
Lowewood
Broadley Common
A1169
Hatfield House
Paradise
Broxbourne
Ada Cole Stables
Woodside
Nazeing Glass
Lower Nazeing
Parndon Wood
Epping Green
Nazeing
A1170
Newgate Street
Wormley Wood
Park
Epping Green
B1393
Brookmans Park
Northaw Great Wood
3
Hammond Street
Wormley
Turnford
Hayes Hill Fm.
Bumble's Green
Thornwood Common
B158
Epping Upland
B194
Valley
Cuffley
Bury Farm Centre
Coopersale Common
B157
B176
Lee Navigation
R. Lee
B156
Holyfield
POTTERS BAR
A1000
Northaw Place
Goff's Oak
WALTHAM ABBEY
EPPING
B182
Northaw
Coopersale Street
B156
CHESHUNT
Waltham Cross
Harold's Bri.
Upshire
Abbey
Tunnel
B198
M25
Fiddlers Hamlet
26
27
Theydon Bois
Copthall Green
Capel Manor
Crews Hill
24
25
Forty Hill
A
B
M25
A121
Bentley Heath
A111
A1005
Botany Bay
A10
Enfield Wash
A104
Forty Hall
Sewardstone
A112
High Beech
B172
Hobbs Cross
Monken Hadley
Debden Green
A113
Epping Forest
Trent Pk.
Hadley Wood
ENFIELD
A1010
A1055
Resrs.
A1168
M11
Abridge
Cockfosters
Stapleford
Passingford Bridge

Newport
Debden
Debden Green
Priors Hall Barn
Widdington
Mole Hall
Thaxted
West Wood
Boyton End
Little Sampford
B1051
B1053
Postmill
Morris Green
Wethersfield
Finchingfield
Guildhall
Wethersfield
School Green
Bardfield End Green
Bardfield Cage Cott.
Waltham's Cross
Blackmore End
C
Hamperden End
Cutlers Green
31
13
D
Little Bardfield
Great Bardfield
39
Woodend Green
Horham Hall
Holder's Green
Oxen End
Shalford
Church End
Beazley End
Ugley
Henham
Church
Monk Street
Duton Hill
Shalford Green
R. Pant
B1057
Pledgdon Green
Broxted
Lindsell
Bardfield Saling
Bocking Churchstreet
Ugley Green
Elsenham
Duck End
Saling Hall
Jasper's Green
B1053
Church
Great Easton
Bran End
Great Saling
Great Priory Farm
Panfield
Tye Green
Molehill Green
Little Easton
B184
Andrewsfield
Pod's Brook
Burton End
Church
Stebbing
Stebbing Green
Blake End
Bocking
Town Hall
Birchanger
LONDON STANSTED
Bamber's Green
Great Dunmow
Churchend
Rayne
Rayne Hall
Start Hill
Takeley
A120
Little Dunmow
Priory Vineyard
Grange
Bannister Green
Bartholomew Green
Great Notley
BIRCHANGER GREEN
Takeley Street
Smith's Green
Little Canfield
A120
R. Chelmer
Felsted
Felstead Vineyard
Willows Green
Bedlar's Green
Puttock's End
Barnston
Row Green
Great Hallingbury
Hatfield Forest
Bacon End
Castle
Garnetts Wood
A130
North End
B1417
Cock Green
Essex Showground
Young's End
A131
Leez Priory
Taverners Green
Great Canfield
Bishop's Green
Onslow Green
Hartford End
Littley Green
40
Great Leighs
Rank's Green
Hatfield Broad Oak
B183
High Roding
Ford End
Little Leighs
Hatfield Heath
RODINGS
Aythorpe Roding
Roundbush Green
High Easter
Stagden Cross
Pleshey
Pleshey
Chatham Green
Howe Street
Fuller Street
Flack's Green
A1060
19
Colville Hall
White Roding
Leaden Roding
Great Waltham
Guildhall
Little Waltham
THE
Nether Street
Margaret Roding
Good Easter
Fanner's Green
Broad's Green
B1008
A130
Newland Grove
Matching
Abbess Roding
Marshbury
Chignall Smealy
Broomfield
Parsonage Green
Matching Tye
Matching Green
Beauchamp Roding
Chalk End
A12
Boreham
Little Laver
Boyton Cross
Chignall St. James
High Laver
Birds Green
Shellow Bowells
Roxwell
A1016
Magdalen Laver
Church
Willingale
B1137
Fyfield
Great Oxney Green
SEE PAGE 57
Moreton
CHELMSFORD
Bovinger
War
Blake Hall
B184
Cooksmill Green
Bobbingworth
Norton Mandeville
Writtle
Widford
A1060
North Weald Bassett
R. Roding
High Ongar
Edney Common
Great Baddow
Sandon
Danbury Park
Saxon Wooden Church
Norton Heath
A414
Hylands Park
Greensted Green
Ongar
Chipping Ongar
Loves Green
A414
Galleyend
Nine Ashes
Elkins Green
B1009
B1007
Galleywood
Howe Green
Stanford Rivers
Beggar Hill
Margaretting
Blackmore
Mill Green
A12
A130
A113
Stondon Massey
Margaretting Tye
Little End
A128
Fryerning
C
Wyatt's Green
D
Ingatestone
West Hanningfield
Stapleford Tawney
Doddinghurst
Stock
Stock
Kelvedon Hatch
B1002
Ingatestone Hall
Hanningfield Reservoir
Fox Hatch
Mountnessing
Mountnessing
Heybridge
Navestock
Navestock Side
South Hanningfield
Coalhill
Crow Green
A12
B1007
Ramsden Heath
Pilgrims Hatch
BRENTWOOD
BILLERICAY
Downham

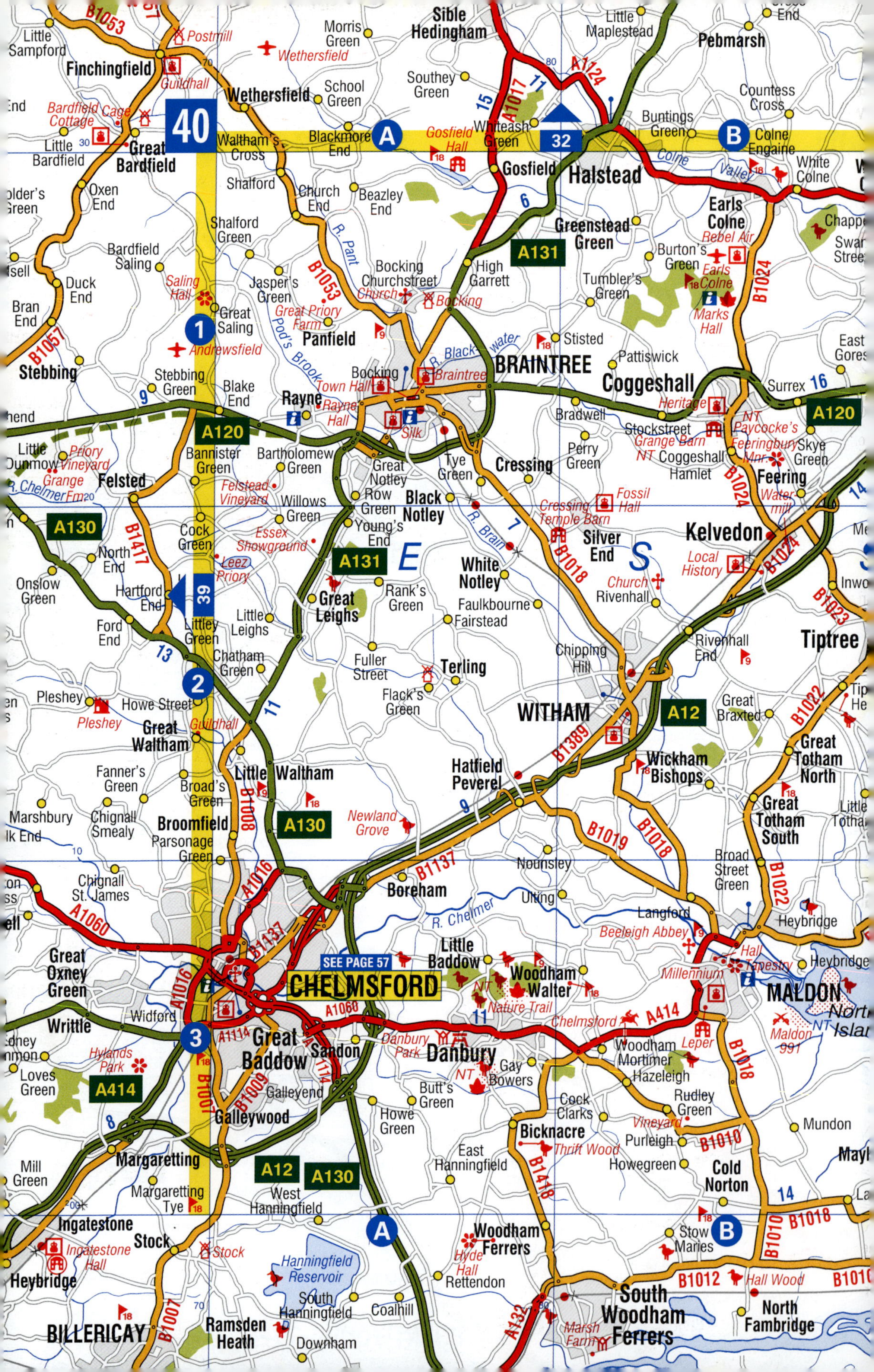

40
Little Sampford
Finchingfield
Postmill
Wethersfield
Guildhall
Wethersfield
Morris Green
Sible Hedingham
Little Maplestead
Pebmarsh
School Green
Southey Green
Countess Cross
Bardfield Cottage
Cage
Little Bardfield
Great Bardfield
Waltham's Cross
Blackmore End
Gosfield Hall
Whiteash Green
Buntings Green
Colne Engaine
White Colne
Shalford
Church End
Beazley End
Gosfield
Halstead
Colne Valley
Oxen End
Earls Colne
Rebel Air
Shalford Green
R. Pant
Greenstead Green
A131
Burton's Green
Bardfield Saling
Bocking Churchstreet
High Garrett
Tumbler's Green
Earls Colne
Duck End
Saling Hall
Jasper's Green
B1053
Church
Bocking
Marks Hall
B1024
Bran End
Great Saling
Great Priory Farm
Panfield
Stisted
B1057
Andrewsfield
Pod's Brook
R. Blackwater
Pattiswick
East Gores
Stebbing
Stebbing Green
Bocking
Braintree
BRAINTREE
Coggeshall
Surrex
Blake End
Rayne
Town Hall
Rayne Hall
Bradwell
Heritage
A120
Silk
Stockstreet
Grange Barn
NT Coggeshall
NT Paycocke's
Feeringbury Mnr.
Skye Green
Little Dunmow
Priory Vineyard
Grange
Bannister Green
Bartholomew Green
Great Notley
Tye Green
Perry Green
Hamlet
Feering
R. Chelmer
Felsted
Felsted Vineyard
Willows Green
Row Green
Black Notley
Cressing
Water mill
A130
B1417
Essex Showground
Young's End
R. Brain
Cressing Temple Barn
Fossil Hall
Kelvedon
North End
Cock Green
Leez Priory
A131
E
Silver End
S
Local History
B1024
Onslow Green
Hartford End
39
Great Leighs
Rank's Green
White Notley
B1018
Church
Rivenhall
B1023
Faulkbourne
Fairstead
Inworth
Ford End
Little Leighs
Littley Green
Rivenhall End
Tiptree
Chatham Green
Fuller Street
Terling
Chipping Hill
Flack's Green
A12
Pleshey
Howe Street
Great Braxted
Pleshey
Guildhall
Great Waltham
WITHAM
B1389
B1022
Great Totham North
Wickham Bishops
Fanner's Green
Little Waltham
Hatfield Peverel
Great Totham South
Broad's Green
B1008
Marshbury
Chignall Smealy
Broomfield
A130
Newland Grove
B1019
B1018
Parsonage Green
Nounsley
Broad Street Green
Chignall St. James
A1016
B1137
Boreham
Ulting
B1022
A1060
R. Chelmer
Langford
Heybridge
Beeleigh Abbey
Great Oxney Green
B1137
SEE PAGE 57
Little Baddow
Hall
Tapestry
Heybridge
CHELMSFORD
Woodham Walter
Millennium
MALDON
NT
Nature Trail
Writtle
Widford
A1060
Chelmsford
A414
North... Island
A1016
A1114
Great Baddow
Sandon
Danbury Park
Danbury
Woodham Mortimer
Leper
Maldon 991
Hylands Park
A1114
Gay Bowers
Hazeleigh
B1018
Loves Green
A414
B1009
Galleyend
Butt's Green
Cock Clarks
Rudley Green
B1007
Galleywood
Howe Green
Bicknacre
Vineyard
Mundon
Thrift Wood
Purleigh
B1010
Mill Green
Margaretting
A12
A130
East Hanningfield
B1418
Howegreen
Cold Norton
Margaretting Tye
West Hanningfield
Ingatestone
Stock
A
Woodham Ferrers
Stow Maries
B
B1010
B1018
Ingatestone Hall
Stock
Hanningfield Reservoir
Hyde Hall
Heybridge
Rettendon
B1012
Hall Wood
South Hanningfield
Coalhill
South Woodham Ferrers
North Fambridge
BILLERICAY
B1007
Ramsden Heath
Downham
A132
Marsh Farm

41
COLCHESTER
SEE PAGE 57
Nayland
Boxted
St. Mary
Bergholt
Brantham
Cattawade
R. Stour
Family Farm
Flatford Mill
Dedham
Little Horkesley
Boxted Cross
Toy
Munnings
Manningtree
Mistley Towers
New Mistley
Lawford
Mistley
Bradfield
Wormingford
Langham
Lamb Corner
Dedham Heath
Great Horkesley
Hemp's Green
Horkesley Heath
Ardleigh Resr.
Ardleigh
Little Bromley
Mistley Heath
Bradfield Heath
Horsleycross Street
Horsley Cross
Fordham
West Bergholt
Mile End
Fox Street
Burnt Heath
R. Colne
Fordham Heath
Trees
Crockleford Heath
Great Bromley
Tendring Green
Eight Ash Green
Elmstead
Little Bentley
Beacon End
Lexden Earthworks
Hist.
Elmstead Market
Beth Chatto
Hare Green
Tendring
Weeley
Stanway
Copford
Shrub End
Bourne Mill
NT
Univ. of Essex
Elmstead Heath
Frating Green
Great Bentley
Church
Copford Green
Colchester
Rowhedge
Wivenhoe
Alresford
Heckfordbridge
Blackheath
Aingers Green
Hardy's Green
Birch
Layer-de-la-Haye
Fingringhoe
Thorrington
Tide Mill
Row Heath
Birch Green
Abberton
South Green
South Heath
Layer Breton
Langenhoe
E
X
Abberton Resr.
Shalom Hall
Brightlingsea
Rat Island
St. Osyth Heath
Layer Marney
Layer Marney Tower
Great Clacton
Peldon
Hurst Green
Priory
Martello Tower
Aviation & Forties
St. Osyth
St. Osyth's
Tolleshunt Knights
Great Wigborough
Blue Row
East Mersea
Cudmore Grove
Point Clear
Ray Island
MERSEA ISLAND
Salcott
Jaywick
Seawick
Old Hall Marshes
Martello Tower
Tolleshunt D'Arcy
West Mersea
Colne Point
Virley Channel
Tollesbury
Goldhanger
Bradwell Power Station
Sales Point
Bradwell Church
Bradwell Waterside
Osea Island
RIVER BLACKWATER
Bradwell Lodge
Bradwell-on-Sea
Ramsey Island
St. Lawrence
Church
Tillingham
Steeple
Dengie Marshes
Dengie
Mayland
Asheldham
Southminster
Mangapps Farm
Ostend
Stoneyhills
Burnham-on-Crouch
Holliwell Point
Foulness Sands
A12
A120
A133
A134
A137
A1124
A1232
B1508
B1408
B1022
B1026
B1025
B1027
B1029
B1035
B1352
B1021
B1023
B1018
33
42
C
D
1
2
3

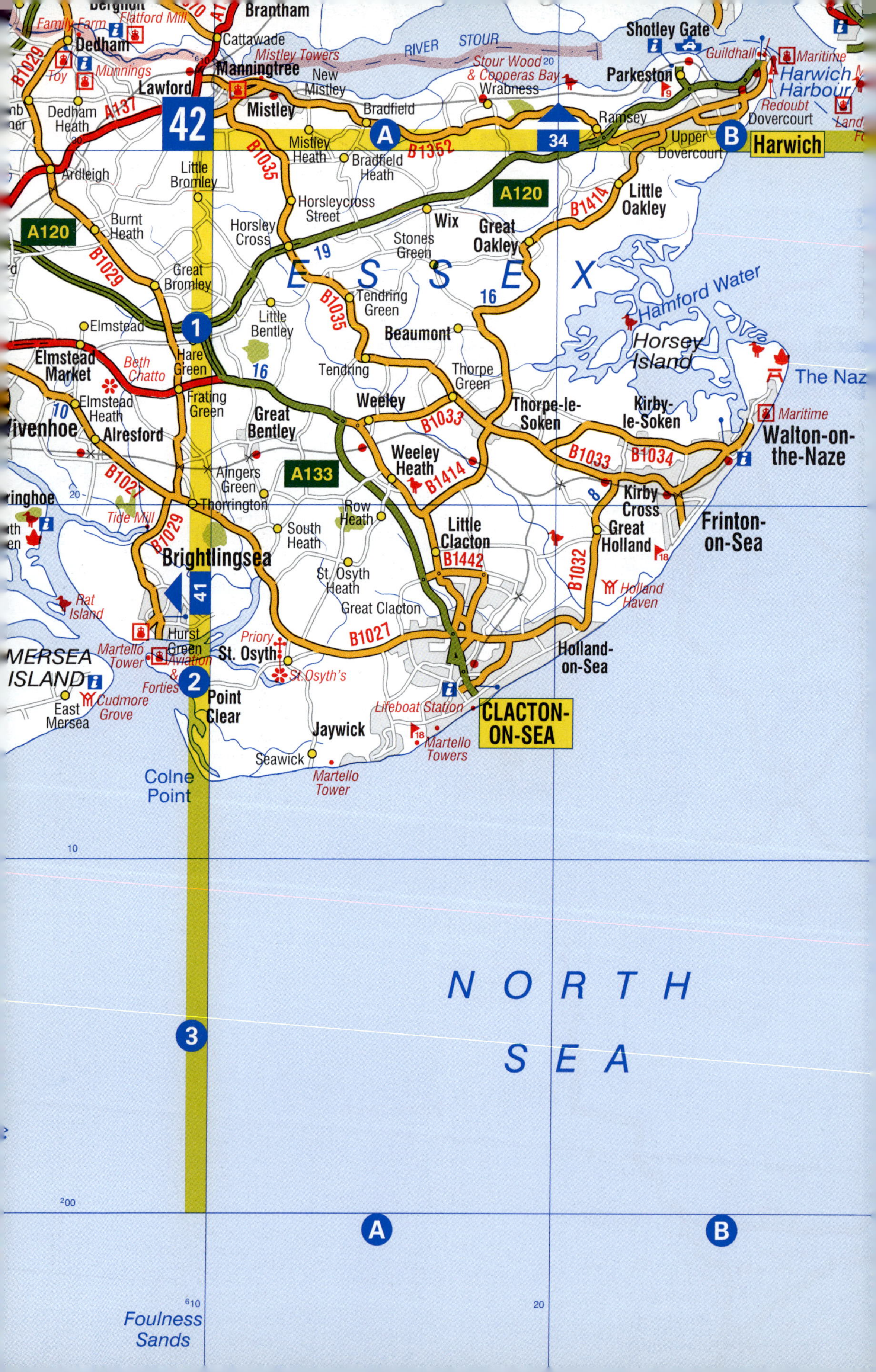
42
34
41
Brantham
Family Farm
Flatford Mill
Dedham
Cattawade
Mistley Towers
RIVER STOUR
Shotley Gate
Guildhall
Maritime
Harwich Harbour
Parkeston
Stour Wood & Copperas Bay
Wrabness
Munnings
Toy
Manningtree
New Mistley
Lawford
Mistley
Bradfield
Redoubt
Dovercourt
Ramsey
Dedham Heath
A137
Mistley Heath
Bradfield Heath
B1352
Upper Dovercourt
Harwich
Ardleigh
Little Bromley
B1035
A120
Little Oakley
B1414
Horsleycross Street
Wix
Great Oakley
Burnt Heath
Horsley Cross
Stones Green
A120
B1029
Great Bromley
ESSEX
Tendring Green
Hamford Water
Horsey Island
Elmstead
Little Bentley
Beaumont
Elmstead Market
Beth Chatto
Hare Green
Tendring
Thorpe Green
The Naze
Frating Green
Great Bentley
Weeley
Thorpe-le-Soken
Kirby-le-Soken
Maritime
Elmstead Heath
Wivenhoe
Alresford
B1033
Walton-on-the-Naze
Weeley Heath
B1034
B1027
Aingers Green
A133
B1414
Kirby Cross
Thorrington
Row Heath
Frinton-on-Sea
Tide Mill
South Heath
Little Clacton
Great Holland
B1029
Brightlingsea
B1442
St. Osyth Heath
B1032
Holland Haven
Rat Island
Great Clacton
Hurst Green
B1027
Priory
Martello Tower
Aviation & Forties
St. Osyth
Holland-on-Sea
MERSEA ISLAND
St. Osyth's
Point Clear
Cudmore Grove
East Mersea
Lifeboat Station
CLACTON-ON-SEA
Jaywick
Martello Towers
Seawick
Martello Tower
Colne Point
NORTH SEA
A
B
Foulness Sands

INDEX TO CITIES, TOWNS, VILLAGES, HAMLETS & LOCATIONS

(1) A strict alphabetical order is used e.g. Abbotsley follows Abbots Langley but precedes Abbots Ripton.

(2) The map reference given refers to the actual map square in which the town spot or built-up area is located and not to the place name.

(3) Where two places of the same name occur in the same County or Unitary Authority, the nearest large town is also given; e.g. Billingford. *Norf* . . . . 2A **26** (nr. Diss) indicates that Billingford is located in square 2A on page **26** and is situated near Diss in the County of Norfolk.

COUNTIES AND UNITARY AUTHORITIES with the abbreviations used in this index.

Bedfordshire : *Beds*
Buckinghamshire : *Buck*
Cambridgeshire : *Cambs*
Essex : *Essx*
Greater London : *G Lon*

Hertfordshire : *Herts*
Leicestershire : *Leics*
Lincolnshire : *Linc*
Luton : *Lutn*
Milton Keynes : *Mil*

Norfolk : *Norf*
Northamptonshire : *Nptn*
Nottinghamshire : *Notts*
Oxfordshire : *Oxon*
Peterborough : *Pet*

Rutland : *Rut*
Suffolk : *Suff*

A

Abberton. *Essx* 2D **41**
Abbess Roding. *Essx*. . . . 2C **39**
Abbots Langley. *Herts* . . . 3B **36**
Abbotsley. *Cambs* 1D **29**
Abbots Ripton. *Cambs*. . . . 2D **21**
Abington Pigotts.
 Cambs. 2A **30**
Abridge. *Essx* 3B **38**
Achurch. *Nptn* 1B **20**
Acle. *Norf*. 1D **19**
Acton. *Suff*. 2B **32**
Ailsworth. *Pet*. 3C **13**
Aingers Green. *Essx* 1A **42**
Aisby. *Linc* 2B **4**
Akenham. *Suff*. 2A **34**
Alburgh. *Norf*. 1B **26**
Albury. *Herts*. 1B **38**
Alby Hill. *Norf* 2A **10**
Alconbury. *Cambs*. 2C **21**
Alconbury Weston.
 Cambs. 2C **21**
Aldborough. *Norf*. 2A **10**
Aldbury. *Herts*. 2A **36**
Aldeburgh. *Suff*. 1D **35**
Aldeby. *Norf* 3D **19**
Aldenham. *Herts* 3C **37**
Alderford. *Norf* 1A **18**
Alderton. *Suff*. 2C **35**
Aldgate. *Rut* 2A **12**
Aldham. *Essx* 1C **41**
Aldham. *Suff*. 2D **33**
Aldreth. *Cambs*. 2B **22**
Aldringham. *Suff*. 3D **27**
Aldwincle. *Nptn*. 1B **20**
Aley Green. *Beds* 2B **36**
Algarkirk. *Linc*. 2D **5**
Allen's Green. *Herts* 2B **38**
Allington. *Linc*. 1A **4**
All Saints South Elmham.
 Suff 1C **27**
Alphamstone. *Essx* 3B **32**
Alpheton. *Suff*. 1B **32**
Alpington. *Norf*. 2B **18**
Alresford. *Essx* 1D **41**
Althorne. *Essx*. 3C **41**
Alwalton. *Pet*. 3C **13**
Amber Hill. *Linc* 1D **5**
Amersham. *Buck*. 3A **36**
Ampthill. *Beds*. 3B **28**
Ampton. *Suff*. 2B **24**
Amwell. *Herts*. 2C **37**
Ancaster. *Linc*. 1A **4**
Anmer. *Norf* 3A **8**
Anstey. *Herts*. 3B **30**
Antingham. *Norf*. 2B **10**
Anton's Gowt. *Linc* 1D **5**
Anwick. *Linc*. 1C **5**

Apethorpe. *Nptn* 3B **12**
Apsley End. *Beds*. 3C **29**
Ardeley. *Herts* 1A **38**
Ardleigh. *Essx*. 1D **41**
Arkesden. *Essx* 3B **30**
Arlesey. *Beds*. 3C **29**
Arminghall. *Norf*. 2B **18**
Arms, The. *Norf*. 3B **16**
Armston. *Nptn*. 1B **20**
Arrington. *Cambs*. 1A **30**
Asgarby. *Linc*. 1C **5**
Ashbocking. *Suff*. 1A **34**
Ashby St Mary.
 Norf 2C **19**
Ashdon. *Essx*. 2C **31**
Asheldham. *Essx*. 3C **41**
Ashen. *Essx* 2A **32**
Ashfield. *Suff*. 3B **26**
Ashfield Green. *Suff*. 2B **26**
Ashill. *Norf* 2B **16**
Ashley. *Cambs* 3D **23**
Ashley Green. *Buck* 3A **36**
Ashmanhaugh. *Norf*. . . . 3C **11**
Ash Street. *Suff*. 2D **33**
Ashton. *Nptn*. 1B **20**
Ashton. *Pet*. 2C **13**
Ashwell. *Herts*. 3D **29**
Ashwell. *Rut*. 1A **12**
Ashwellthorpe. *Norf*. 3A **18**
Ashwicken. *Norf* 1A **16**
Aslackby. *Linc*. 2B **4**
Aslacton. *Norf*. 3A **18**
Aspenden. *Herts* 1A **38**
Asperton. *Linc*. 2D **5**
Aspley Guise. *Beds* 3A **28**
Aspley Heath. *Beds* 3A **28**
Assington. *Suff*. 3C **33**
Assington Green.
 Suff. 1A **32**
Aston. *Herts* 1D **37**
Aston Abbotts. *Buck* 1A **36**
Aston Clinton. *Buck*. 2A **36**
Aston End. *Herts*. 1D **37**
Astwick. *Beds* 3D **29**
Astwood. *Mil*. 2A **28**
Aswarby. *Linc*. 2B **4**
Athelington. *Suff*. 2B **26**
Attleborough. *Norf*. 3D **17**
Attlebridge. *Norf* 1A **18**
Audley End. *Essx*. 3C **31**
Aunby. *Linc*. 1B **12**
Aunsby. *Linc*. 2B **4**
Aylmerton. *Norf*. 2A **10**
Aylsham. *Norf*. 3A **10**
Ayot Green. *Herts* 2D **37**
Ayot St Lawrence.
 Herts. 2C **37**
Ayot St Peter.
 Herts. 2D **37**
Ayston. *Rut*. 2A **12**

B

Babb's Green. *Herts*. 2A **38**
Babingley. *Norf*. 3D **7**
Babraham. *Cambs*. 1C **31**
Back Street. *Suff*. 1A **32**
Bacon End. *Essx* 2D **39**
Baconsthorpe. *Norf*. 2A **10**
Bacton. *Norf*. 2C **11**
Bacton. *Suff*. 3D **25**
Bacton Green. *Norf*. 2C **11**
Badingham. *Suff*. 3C **27**
Badwell Ash. *Suff*. 3C **25**
Bagthorpe. *Norf*. 2A **8**
Bainton. *Pet* 2B **12**
Baldock. *Herts*. 3D **29**
Bale. *Norf* 2D **9**
Ballingdon. *Suff*. 2B **32**
Ballinger Common.
 Buck 3A **36**
Balsham. *Cambs* 1C **31**
Bamber's Green. *Essx* . . . 1C **39**
Bangrove. *Suff* 2C **25**
Banham. *Norf* 1D **25**
Banningham. *Norf* 3B **10**
Bannister Green. *Essx* . . . 1D **39**
Banyard's Green. *Suff* . . . 2C **27**
Bardfield End Green.
 Essx 3D **31**
Bardfield Saling. *Essx* . . . 1D **39**
Bardwell. *Suff*. 2C **25**
Barford. *Norf*. 2A **18**
Barham. *Cambs*. 2C **21**
Barham. *Suff*. 1A **34**
Bar Hill. *Cambs* 3A **22**
Barholm. *Linc* 1B **12**
Barking. *Suff*. 1D **33**
Barking Tye. *Suff*. 1D **33**
Barkston. *Linc*. 1A **4**
Barkway. *Herts* 3A **30**
Barley. *Herts*. 3A **30**
Barleythorpe. *Rut* 2A **12**
Barmer. *Norf*. 2B **8**
Barnack. *Pet* 2B **12**
Barnardiston. *Suff*. 2A **32**
Barnby. *Suff* 1D **27**
Barnby in the Willows.
 Notts. 1A **4**
Barnet. *G Lon*. 3D **37**
Barney. *Norf* 2C **9**
Barnham. *Suff*. 2B **24**
Barnham Broom. *Norf*. . . 2D **17**
Barningham. *Suff*. 2C **25**
Barnston. *Essx* 2D **39**
Barnwell. *Cambs*. 1B **30**
Barnwell All Saints.
 Nptn. 1B **20**
Barnwell St Andrew.
 Nptn. 1B **20**

Barrington. *Cambs* 2A **30**
Barrow. *Rut*. 1A **12**
Barrow. *Suff*. 3A **24**
Barroway Drove. *Norf*. . . . 2C **15**
Barrowby. *Linc* 2A **4**
Barrowden. *Rut*. 2A **12**
Barsham. *Suff*. 1C **27**
Bartholomew Green.
 Essx 1A **40**
Bartlow. *Cambs*. 2C **31**
Barton. *Cambs* 1B **30**
Barton Bendish. *Norf*. . . . 2A **16**
Barton-le-Clay. *Beds* 3B **28**
Barton Mills. *Suff* 2A **24**
Barton Seagrave. *Nptn*. . . 2A **20**
Barton Turf. *Norf*. 3C **11**
Barway. *Cambs* 2C **23**
Barwick. *Herts*. 2A **38**
Bassingbourn. *Cambs* . . . 2A **30**
Bassingthorpe. *Linc*. 3A **4**
Bassus Green. *Herts* 1A **38**
Baston. *Linc* 1C **13**
Bastwick. *Norf*. 1D **19**
Battisford. *Suff*. 1D **33**
Battisford Tye. *Suff* 1D **33**
Battlesden. *Beds* 1A **36**
Battlesea Green. *Suff*. . . . 2B **26**
Bawburgh. *Norf*. 2A **18**
Bawdeswell. *Norf* 3D **9**
Bawdsey. *Suff*. 2C **35**
Bawdsey Manor. *Suff*. . . . 3C **35**
Bawsey. *Norf*. 1D **15**
Baxter's Green. *Suff*. 1A **32**
Bayford. *Herts*. 3A **38**
Baylham. *Suff*. 1A **34**
Baythorn End. *Essx* 2A **32**
Baythorpe. *Linc*. 1D **5**
Beachamwell. *Norf* 2A **16**
Beacon End. *Essx* 1C **41**
Beamond End. *Buck* 3A **36**
Beauchamp Roding.
 Essx 2C **39**
Beaumont. *Essx*. 1A **42**
Beazley End. *Essx* 1A **40**
Beccles. *Suff*. 1D **27**
Beckett End. *Norf* 3A **16**
Beckingham. *Linc* 1A **4**
Beck Row. *Suff*. 2D **23**
Bedfield. *Suff*. 3B **26**
Bedford. *Beds*. 2B **28**
Bedingfield. *Suff*. 3A **26**
Bedingham Green. *Norf*. . 3B **18**
Bedlar's Green. *Essx* 1C **39**
Bedmond. *Herts* 3B **36**
Beeston. *Beds*. 2C **29**
Beeston. *Norf*. 1C **17**
Beeston Regis. *Norf*. 1A **10**
Beetley. *Norf*. 1C **17**
Begdale. *Cambs*. 2B **14**
Beggar Hill. *Essx* 3D **39**

East Anglia Regional Atlas 43

Beighton—Burton Corner

Beighton. *Norf*........2C **19**
Belaugh. *Norf*........1B **18**
Belchamp Otten. *Essx*....2B **32**
Belchamp St Paul.
  Essx................2A **32**
Belchamp Walter. *Essx*..2B **32**
Bellingdon. *Buck*......3A **36**
Bellmount. *Norf*........3C **7**
Bell's Cross. *Suff*......1A **34**
Belmesthorpe. *Rut*......1B **12**
Belnie. *Linc*............2D **5**
Belsize. *Herts*..........3B **36**
Belstead. *Suff*..........2A **34**
Belton. *Linc*............2A **4**
Belton. *Norf*............2D **19**
Benacre. *Suff*..........1D **27**
Bendish. *Herts*..........1C **37**
Bengate. *Norf*..........3C **11**
Benhall Green. *Suff*....3C **27**
Benington. *Herts*........1A **38**
Benington. *Linc*..........1A **6**
Benington Sea End. *Linc*..1B **6**
Bentley. *Suff*..........3A **34**
Bentley Heath. *Herts*....3D **37**
Benwick. *Cambs*........3A **14**
Berden. *Essx*..........1B **38**
Bergh Apton. *Norf*......2C **19**
Berkhamsted. *Herts*....3A **36**
Bessingham. *Norf*......2A **10**
Besthorpe. *Norf*........3D **17**
Bexfield. *Norf*..........3D **9**
Bexwell. *Norf*..........2D **15**
Beyton. *Suff*..........3C **25**
Beyton Green. *Suff*....3C **25**
Bicker. *Linc*............2D **5**
Bicker Bar. *Linc*........2D **5**
Bicker Gauntlet. *Linc*....2D **5**
Bicknacre. *Essx*........3A **40**
Biddenham. *Beds*......2B **28**
Bierton. *Buck*..........2A **36**
Biggleswade. *Beds*......2C **29**
Bildeston. *Suff*..........2C **33**
Billericay. *Essx*........3D **39**
Billingborough. *Linc*....2C **5**
Billingford. *Norf*........2A **26**
  (nr. Diss)
Billingford. *Norf*........3D **9**
  (nr. East Dereham)
Billington. *Beds*........1A **36**
Billockby. *Norf*..........1D **19**
Binham. *Norf*..........2C **9**
Bintree. *Norf*............3D **9**
Birch. *Essx*............2C **41**
Bircham Newton. *Norf*...2A **8**
Bircham Tofts. *Norf*......2A **8**
Birchanger. *Essx*......1C **39**
Birch Green. *Essx*......2C **41**
Birchmoor Green. *Beds*..3A **28**
Birdbrook. *Essx*........2A **32**
Birds Green. *Essx*......3C **39**
Birkholme. *Linc*..........3A **4**
Birthorpe. *Linc*..........2C **5**
Bisbrooke. *Rut*..........3A **12**
Bishop's Green. *Essx*....2D **39**
Bishop's Stortford.
  Herts................1B **38**
Bitchfield. *Linc*..........3A **4**
Bittering. *Norf*..........1C **17**
Black Bank. *Cambs*......1C **23**
Black Barn. *Linc*........3B **6**
Blackborough. *Norf*......1D **15**
Blackborough End. *Norf*..1D **15**
Black Car. *Norf*........3D **17**
Blackheath. *Essx*......1D **41**
Blackheath. *Suff*......2D **27**
Blackjack. *Linc*..........2D **5**
Blackmore. *Essx*........3D **39**
Blackmore End. *Essx*....3A **32**
Blackmore End. *Herts*....2C **37**
Black Notley. *Essx*......1A **40**

Blacksmith's Green.
  Suff................3A **26**
Black Street. *Suff*......1D **27**
Blackthorpe. *Suff*......3C **25**
Blake End. *Essx*........1A **40**
Blakeney. *Norf*..........1D **9**
Blatherwycke. *Nptn*....3A **12**
Blaxhall. *Suff*..........1C **35**
Bletchley. *Mil*..........3A **28**
Bletsoe. *Beds*..........1B **28**
Blickling. *Norf*..........3A **10**
Blofield. *Norf*..........2C **19**
Blofield Heath. *Norf*....1C **19**
Blo' Norton. *Norf*......2D **25**
Bloxholm. *Linc*..........1B **4**
Blue Row. *Essx*........2D **41**
Blundeston. *Suff*........3D **19**
Blunham. *Beds*..........1C **29**
Bluntisham. *Cambs*......2A **22**
Blyford. *Suff*..........2D **27**
Blythburgh. *Suff*......2D **27**
Bobbingworth. *Essx*....3C **39**
Bocking. *Essx*..........1A **40**
Bocking Churchstreet.
  Essx................1A **40**
Bodham. *Norf*..........1A **10**
Bodney. *Norf*..........3B **16**
Bolnhurst. *Beds*........1B **28**
Boothby Pagnell. *Linc*..2A **4**
Booton. *Norf*..........3A **10**
Boreham. *Essx*........3A **40**
Borehamwood. *Herts*....3C **37**
Borley. *Essx*..........2B **32**
Borley Green. *Essx*....2B **32**
Borley Green. *Suff*....3C **25**
Boston. *Linc*............1A **6**
Botany Bay. *G Lon*......3D **37**
Botesdale. *Suff*........2D **25**
Botley. *Buck*..........3A **36**
Bottisham. *Cambs*......3C **23**
Boughton. *Norf*........2D **15**
Bourn. *Cambs*..........1A **30**
Bourne. *Linc*............3B **4**
Bourne End. *Beds*......2A **28**
  (nr. Cranfield)
Bourne End. *Beds*......3B **20**
  (nr. Sharnbrook)
Bourne End. *Herts*......3B **36**
Bovingdon. *Herts*......3B **36**
Boveringer. *Essx*......3C **39**
Bow Brickhill. *Mil*......3A **28**
Bowthorpe. *Norf*........2A **18**
Box End. *Beds*..........2B **28**
Boxford. *Suff*..........2C **33**
Boxted. *Essx*..........3C **33**
Boxted. *Suff*..........1B **32**
Boxted Cross. *Essx*....3D **33**
Boxworth. *Cambs*......3A **22**
Boxworth End. *Cambs*...3A **22**
Boyden End. *Suff*......1A **32**
Boyton. *Suff*..........2C **35**
Boyton Cross. *Essx*....3D **39**
Boyton End. *Essx*......3D **31**
Boyton End. *Suff*......2A **32**
Bozeat. *Nptn*..........1A **28**
Brabling Green. *Suff*....3B **26**
Braceborough. *Linc*....1B **12**
Braceby. *Linc*..........2B **4**
Bracon Ash. *Norf*......3A **18**
Bradenham. *Norf*......2C **17**
Bradfield. *Essx*........3A **34**
Bradfield. *Norf*........2B **10**
Bradfield Combust. *Suff*..1B **32**
Bradfield Heath. *Essx*....1A **42**
Bradfield St Clare. *Suff*..1C **33**
Bradfield St George.
  Suff................3C **25**
Bradwell. *Essx*..........1B **40**
Bradwell. *Norf*..........2D **19**
Bradwell-on-Sea. *Essx*..3D **41**

Bradwell Waterside.
  Essx................3C **41**
Bragbury End. *Herts*....1D **37**
Braintree. *Essx*........1A **40**
Braiseworth. *Suff*......2A **26**
Brakefield Green. *Norf*..2D **17**
Bramerton. *Norf*........2B **18**
Bramfield. *Herts*......2D **37**
Bramfield. *Suff*........2C **27**
Bramford. *Suff*........2A **34**
Brampton. *Cambs*......2D **21**
Brampton. *Norf*........3B **10**
Brampton. *Suff*........1D **27**
Brancaster. *Norf*........1A **8**
Brancaster Staithe. *Norf*..1A **8**
Brand End. *Linc*........1A **6**
Brandeston. *Suff*......3B **26**
Brandiston. *Norf*......3A **10**
Brandon. *Linc*..........1A **4**
Brandon. *Suff*..........1A **24**
Brandon Bank. *Cambs*....1D **23**
Brandon Creek. *Norf*....3D **15**
Brandon Parva. *Norf*....2D **17**
Bran End. *Essx*........1D **39**
Brant Broughton. *Linc*..1A **4**
Brantham. *Suff*........3A **34**
Braughing. *Herts*......1A **38**
Breachwood Green.
  Herts..............1C **37**
Breckles. *Norf*........3C **17**
Bredfield. *Suff*........1B **34**
Brent Eleigh. *Suff*....2C **33**
Brent Pelham. *Herts*....3B **30**
Brentwood. *Essx*......3D **39**
Bressingham. *Norf*....1D **25**
Brettenham. *Norf*......1C **25**
Brettenham. *Suff*......1C **33**
Bricket Wood. *Herts*....3C **37**
Bridge End. *Beds*......1B **28**
Bridge End. *Linc*........2C **5**
Bridge Green. *Essx*....3B **30**
Bridge Street. *Suff*....2B **32**
Bridgham. *Norf*........1C **25**
Briggate. *Norf*..........3C **11**
Brightlingsea. *Essx*....2D **41**
Brightwell. *Suff*......2B **34**
Brigstock. *Nptn*........1A **20**
Bringhurst. *Leics*......3A **12**
Brington. *Cambs*........2B **20**
Briningham. *Norf*......2D **9**
Brinkley. *Cambs*........1D **31**
Brinton. *Norf*..........2D **9**
Brisley. *Norf*............3C **9**
Briston. *Norf*............2D **9**
Broad Green. *Beds*....2A **28**
Broad Green. *Cambs*....1D **31**
Broad Hill. *Cambs*......2C **23**
Broadley Common.
  Essx................3B **38**
Broad's Green. *Essx*....2D **39**
Broad Street Green.
  Essx................3B **40**
Broadway. *Suff*........2C **27**
Brockdish. *Norf*........2B **26**
Brockford Street. *Suff*..3A **26**
Brockley. *Suff*..........2B **24**
Brockley Green. *Suff*....2A **32**
  (nr. Bury St Edmunds)
Brockley Green. *Suff*....1B **32**
  (nr. Haverhill)
Brogborough. *Beds*......3A **28**
Brome. *Suff*............2A **26**
Brome Street. *Suff*....2A **26**
Bromeswell. *Suff*......1C **35**
Bromham. *Beds*........1B **28**
Bromley. *Herts*........1B **38**
Brooke. *Norf*............3B **18**
Brooke. *Rut*............2A **12**
Brookmans Park. *Herts*..3D **37**
Brookville. *Norf*........3A **16**

Broom. *Beds*............2C **29**
Broome. *Norf*............3C **19**
Broomfield. *Essx*......2A **40**
Broom Green. *Norf*......3C **9**
Broomhill. *Norf*........2D **15**
Broomholm. *Norf*......2C **11**
Brotherhouse Bar. *Linc*..1D **13**
Brothertoft. *Linc*........1D **5**
Broughton. *Cambs*......2D **21**
Broughton. *Mil*..........3A **28**
Browston Green. *Norf*..2D **19**
Broxbourne. *Herts*......3A **38**
Broxted. *Essx*..........1C **39**
Bruisyard. *Suff*........3C **27**
Bruisyard Street. *Suff*..3C **27**
Brundall. *Norf*..........2C **19**
Brundish. *Norf*..........3C **19**
Brundish. *Suff*..........3B **26**
Brundish Street. *Suff*..2B **26**
Bryant's Bottom. *Buck*..3A **36**
Buckden. *Cambs*........3C **21**
Buckenham. *Norf*......2C **19**
Buckland. *Buck*........2A **36**
Buckland. *Herts*........3A **30**
Buckland Common.
  Buck................3A **36**
Bucklegate. *Linc*........2A **6**
Bucklesham. *Suff*......2B **34**
Buckminster. *Leics*......3A **4**
Bucks Hill. *Herts*......3B **36**
Buckworth. *Cambs*......2C **21**
Bulbourne. *Herts*......2A **36**
Bulby. *Linc*............3B **4**
Bull's Green. *Herts*....2D **37**
Bulmer. *Essx*..........2B **32**
Bulmer Tye. *Essx*......3B **32**
Bulwick. *Nptn*..........3A **12**
Bumble's Green. *Essx*..3B **38**
Bungay. *Suff*..........1C **27**
Bunker's Hill. *Cambs*....2B **14**
Bunker's Hill. *Suff*....2D **19**
Buntingford. *Herts*......1A **38**
Buntings Green. *Essx*..3B **32**
Bunwell. *Norf*..........3A **18**
Burcott. *Buck*..........1A **36**
Bures. *Suff*............3C **33**
Burgate Great Green.
  Suff................2D **25**
Burgate Little Green.
  Suff................2D **25**
Burgh. *Suff*............1B **34**
Burgh Castle. *Norf*....2D **19**
Burgh next Aylsham.
  Norf................3B **10**
Burgh St Margaret.
  Norf................1D **19**
Burgh St Peter. *Norf*....3D **19**
Burley. *Rut*............1A **12**
Burnham Deepdale. *Norf*..1B **8**
Burnham Green. *Herts*..2D **37**
Burnham Market. *Norf*..1B **8**
Burnham Norton. *Norf*..1B **8**
Burnham-on-Crouch.
  Essx................3C **41**
Burnham Overy Staithe.
  Norf................1B **8**
Burnham Overy Town.
  Norf................1B **8**
Burnham Thorpe. *Norf*..1B **8**
Burnt Heath. *Essx*......1D **41**
Burntstalk. *Norf*........2A **8**
Burrough End. *Cambs*....1D **31**
Burrough Green.
  Cambs..............1D **31**
Burstall. *Suff*..........2D **33**
Burston. *Norf*..........1A **26**
Burthorpe. *Suff*........3A **24**
Burtoft. *Linc*............2D **5**
Burton Coggles. *Linc*....3A **4**
Burton Corner. *Linc*....1A **6**

44 East Anglia Regional Atlas

Burton End—Cranmore

Burton End. *Cambs* 2D **31**
Burton End. *Essx* 1C **39**
Burton Latimer. *Nptn* 2A **20**
Burton Pedwardine. *Linc* 1C **5**
Burton's Green. *Essx* 1B **40**
Burwell. *Cambs* 3C **23**
Bury. *Cambs* 1D **21**
Bury Green. *Herts* 1B **38**
Bury St Edmunds. *Suff* 3B **24**
Bush Green. *Norf* 3D **17**
(nr. Attleborough)
Bush Green. *Norf* 1B **26**
(nr. Harleston)
Bush Green. *Suff* 1C **33**
Bushmead. *Beds* 3C **21**
Bushy Common. *Norf* 1C **17**
Bustard Green. *Essx* 1D **39**
Butley. *Suff* 1C **35**
Butley High Corner.
Suff 2C **35**
Butterwick. *Linc* 1A **6**
Butt's Green. *Essx* 3A **40**
Buxhall. *Suff* 1D **33**
Buxton. *Norf* 3B **10**
Bygrave. *Herts* 3D **29**
Bythorn. *Cambs* 2B **20**

C

Caddington. *Beds* 2B **36**
Cadwell. *Herts* 3C **29**
Caister-on-Sea. *Norf* 1D **19**
Caister St Edmund.
Norf 2B **18**
Cake Street. *Suff* 2D **23**
Calais Street. *Suff* 2C **33**
Caldecote. *Cambs* 1A **30**
(nr. Cambridge)
Caldecote. *Cambs* 1C **21**
(nr. Peterborough)
Caldecote. *Herts* 3D **29**
Caldecott. *Nptn* 3A **20**
Caldecott. *Rut* 3A **12**
Calford Green. *Suff* 2D **31**
California. *Norf* 1D **19**
California. *Suff* 2A **34**
Calthorpe. *Norf* 2A **10**
Calthorpe Street. *Norf* 3D **11**
Cambourne. *Cambs* 1A **30**
Cambridge. *Cambs* 1B **30**
Cambridge Airport.
Cambs 1B **30**
Campsea Ashe. *Suff* 1C **35**
Camps End. *Cambs* 2D **31**
Campton. *Beds* 3C **29**
Candle Street. *Suff* 2D **25**
Cangate. *Norf* 3C **11**
Canham's Green. *Suff* 3D **25**
Cantley. *Norf* 2C **19**
Capel Green. *Suff* 2C **35**
Capel St Andrew. *Suff* 2C **35**
Capel St Mary. *Suff* 3D **33**
Carbrooke. *Norf* 2C **17**
Cardinal's Green.
Cambs 2D **31**
Cardington. *Beds* 2B **28**
Careby. *Linc* 1B **12**
Cargate Green. *Norf* 1C **19**
Carlby. *Linc* 1B **12**
Carleton Forehoe. *Norf* 2D **17**
Carleton Rode. *Norf* 3A **18**
Carleton St Peter. *Norf* 2C **19**
Carlton. *Beds* 1A **28**
Carlton. *Cambs* 1D **31**
Carlton. *Suff* 3C **27**
Carlton Colville. *Suff* 3D **19**
Carlton Scroop. *Linc* 1A **4**
Castle Acre. *Norf* 1B **16**
Castle Ashby. *Nptn* 1A **28**
Castle Bytham. *Linc* 1A **12**
Castle Camps. *Cambs* 2D **31**
Castle Hedingham.
Essx 3A **32**
Castle Hill. *Suff* 2A **34**
Castle Rising. *Norf* 3D **7**
Caston. *Norf* 3C **17**
Castor. *Pet* 3C **13**
Catfield. *Norf* 3C **11**
Catfield Common. *Norf* 3C **11**
Cattawade. *Suff* 3A **34**
Catton. *Norf* 1B **18**
Catworth. *Cambs* 2B **20**
Cavendish. *Suff* 2B **32**
Cavenham. *Suff* 3A **24**
Cawston. *Norf* 3A **10**
Cawthorpe. *Linc* 3B **4**
Caxton. *Cambs* 1A **30**
Caythorpe. *Linc* 1A **4**
Cess. *Norf* 1D **19**
Chadstone. *Nptn* 1A **28**
Chainbridge. *Cambs* 2B **14**
Chain Bridge. *Linc* 1A **6**
Chalk End. *Essx* 2D **39**
Chalton. *Beds* 1C **29**
(nr. Bedford)
Chalton. *Beds* 1B **36**
(nr. Luton)
Chandler's Cross. *Herts* 3B **36**
Channel End. *Beds* 1C **29**
Chantry. *Suff* 2A **34**
Chapelbridge. *Cambs* 3D **13**
Chapel End. *Beds* 2B **28**
Chapelgate. *Linc* 3B **6**
Chapel Hill. *Linc* 1D **5**
Chapmore End. *Herts* 2A **38**
Chappel. *Essx* 1B **40**
Charles Tye. *Suff* 1D **33**
Charlton. *Herts* 1C **37**
Charsfield. *Suff* 1B **34**
Chartridge. *Buck* 3A **36**
Chatham Green. *Essx* 2A **40**
Chatteris. *Cambs* 1A **22**
Chattisham. *Suff* 2D **33**
Chaulden. *Herts* 3B **36**
Chaul End. *Beds* 1B **36**
Chawston. *Beds* 1C **29**
Chedburgh. *Suff* 1A **32**
Cheddington. *Buck* 2A **36**
Chedgrave. *Norf* 3C **19**
Chediston. *Suff* 2C **27**
Chediston Green. *Suff* 2C **27**
Chellington. *Beds* 1A **28**
Chelmondiston. *Suff* 3B **34**
Chelmsford. *Essx* 3A **40**
Chelsworth. *Suff* 2C **33**
Chelveston. *Nptn* 3A **20**
Chenies. *Buck* 3B **36**
Chequers Corner. *Norf* 2B **14**
Cherry Green. *Herts* 1A **38**
Cherry Hinton. *Cambs* 1B **30**
Chesham. *Buck* 3A **36**
Chesham Bois. *Buck* 3A **36**
Cheshunt. *Herts* 3A **38**
Chesterton. *Cambs* 3B **22**
(nr. Cambridge)
Chesterton. *Cambs* 3C **13**
(nr. Peterborough)
Chettisham. *Cambs* 1C **23**
Cheveley. *Cambs* 3D **23**
Chevington. *Suff* 1A **32**
Chicheley. *Mil* 2A **28**
Chickering. *Suff* 2B **26**
Chignall Smealy. *Essx* 2D **39**
Chignall St James.
Essx 3D **39**
Childwick Green. *Herts* 2C **37**
Chillesford. *Suff* 1C **35**
Chiltern Green. *Beds* 2C **37**
Chilton Street. *Suff* 2A **32**
Chimney Street. *Suff* 2A **32**
Chippenham. *Cambs* 3D **23**
Chipperfield. *Herts* 3B **36**
Chipping. *Herts* 3A **30**
Chipping Hill. *Essx* 2B **40**
Chipping Ongar. *Essx* 3C **39**
Chiswell Green. *Herts* 3C **37**
Chittering. *Cambs* 3B **22**
Cholesbury. *Buck* 3A **36**
Chrishall. *Essx* 3B **30**
Christchurch. *Cambs* 3B **14**
Church End. *Beds* 1A **36**
(nr. Dunstable)
Church End. *Beds* 3C **29**
(nr. Stotfold)
Church End. *Beds* 3A **28**
(nr. Woburn)
Church End. *Cambs* 1B **30**
(nr. Cambridge)
Church End. *Cambs* 1D **21**
(nr. Sawtry)
Church End. *Cambs* 2A **22**
(nr. Willingham)
Church End. *Cambs* 2A **14**
(nr. Wisbech)
Church End. *Essx* 1A **40**
(nr. Braintree)
Churchend. *Essx* 1D **39**
(nr. Great Dunmow)
Church End. *Essx* 2C **31**
(nr. Saffron Walden)
Church End. *Linc* 2D **5**
Church End. *Norf* 1C **15**
Church Langley. *Essx* 3B **38**
Church Street. *Suff* 1D **27**
Clacton-on-Sea. *Essx* 2A **42**
Clapgate. *Herts* 1B **38**
Clapham. *Beds* 1B **28**
Clare. *Suff* 2A **32**
Clark's Hill. *Linc* 3A **6**
Clavering. *Essx* 3B **30**
Claxton. *Norf* 2C **19**
Clay Common. *Suff* 1D **27**
Claydon. *Suff* 1A **34**
Clay End. *Herts* 1A **38**
Clayhythe. *Cambs* 3C **23**
Clay Lake. *Linc* 3D **5**
Claypole. *Linc* 1A **4**
Clenchwarton. *Norf* 3C **7**
Cley next the Sea. *Norf* 1D **9**
Clifton. *Beds* 3C **29**
Clifton Reynes. *Mil* 1A **28**
Cliftonville. *Norf* 2C **11**
Clint Green. *Norf* 1D **17**
Clippesby. *Norf* 1D **19**
Clippings Green. *Norf* 1D **17**
Clipsham. *Rut* 1A **12**
Clophill. *Beds* 3B **28**
Clopton. *Nptn* 1B **20**
Clopton Corner. *Suff* 1B **34**
Clopton Green. *Suff* 1A **32**
Clothall. *Herts* 3D **29**
Coalhill. *Essx* 3A **40**
Coates. *Cambs* 3A **14**
Cockayne Hatley. *Beds* 2D **29**
Cock Clarks. *Essx* 3B **40**
Cockernhoe. *Herts* 1C **37**
Cockfield. *Suff* 1C **33**
Cockfosters. *G Lon* 3D **37**
Cock Green. *Essx* 2D **39**
Cockley Cley. *Norf* 2A **16**
Cockthorpe. *Norf* 1C **9**
Coddenham. *Suff* 1A **34**
Coddenham Green. *Suff* 1A **34**
Codicote. *Herts* 2D **37**
Coggeshall. *Essx* 1B **40**
Coggeshall Hamlet.
Essx 1B **40**
Colby. *Norf* 2B **10**
Colchester. *Essx* 1D **41**
Cold Brayfield. *Mil* 1A **28**
Coldfair Green. *Suff* 3D **27**
Coldham. *Cambs* 2B **14**
Cold Norton. *Essx* 3B **40**
Colegate End. *Norf* 1A **26**
Cole Green. *Herts* 2D **37**
Coleman Green. *Herts* 2C **37**
Colesden. *Beds* 1C **29**
Colkirk. *Norf* 3C **9**
Colliers End. *Herts* 1A **38**
Collyweston. *Nptn* 2A **12**
Colmworth. *Beds* 1C **29**
Colne. *Cambs* 2A **22**
Colne Engaine. *Essx* 3B **32**
Colney. *Norf* 2A **18**
Colney Heath. *Herts* 3D **37**
Colney Street. *Herts* 3C **37**
Colsterworth. *Linc* 3A **4**
Coltishall. *Norf* 1B **18**
Colton. *Norf* 2A **18**
Comberton. *Cambs* 1A **30**
Combs. *Suff* 1D **33**
Combs Ford. *Suff* 1D **33**
Commercial End.
Cambs 3C **23**
Coney Weston. *Suff* 2C **25**
Congham. *Norf* 3A **8**
Conington. *Cambs* 3A **22**
(nr. Fenstanton)
Conington. *Cambs* 1C **21**
(nr. Sawtry)
Conyers Green. *Suff* 3B **24**
Cookley. *Suff* 2C **27**
Cooksmill Green. *Essx* 3D **39**
Coopersale Common.
Essx 3B **38**
Coopersale Street. *Essx* 3B **38**
Copalder Corner.
Cambs 3A **14**
Copdock. *Suff* 2A **34**
Copford. *Essx* 1C **41**
Copford Green. *Essx* 1C **41**
Cople. *Beds* 2C **29**
Coppingford. *Cambs* 1C **21**
Copthall Green. *Essx* 3B **38**
Copy's Green. *Norf* 2C **9**
Corby. *Nptn* 1A **20**
Corby Glen. *Linc* 3B **4**
Cornish Hall End. *Essx* 3D **31**
Corpusty. *Norf* 3A **10**
Corton. *Suff* 3D **19**
Costessey. *Norf* 1A **18**
Coston. *Leics* 3A **4**
Coston. *Norf* 2D **17**
Coton. *Cambs* 1B **30**
Cottenham. *Cambs* 3B **22**
Cottered. *Herts* 1A **38**
Cotterstock. *Nptn* 3B **12**
Cottesmore. *Rut* 1A **12**
Cottingham. *Nptn* 3A **12**
Cotton. *Suff* 3D **25**
Cotton End. *Beds* 2B **28**
Countess Cross. *Essx* 3B **32**
Covehithe. *Suff* 1D **27**
Coveney. *Cambs* 1B **22**
Covington. *Cambs* 2B **20**
Cowbit. *Linc* 1D **13**
Cowlinge. *Suff* 1A **32**
Cox Common. *Suff* 1D **27**
Coxford. *Norf* 3B **8**
Crabgate. *Norf* 3D **9**
Crafton. *Buck* 2A **36**
Crane's Corner. *Norf* 1C **17**
Cranfield. *Beds* 2A **28**
Cranford St Andrew.
Nptn 2A **20**
Cranford St John. *Nptn* 2A **20**
Cranley. *Suff* 2A **26**
Cranmer Green. *Suff* 2D **25**
Cranmore. *Linc* 2C **13**

East Anglia Regional Atlas 45

Cransford—Felden

Cransford. *Suff*	3C 27
Cranwell. *Linc*	1B 4
Cranwich. *Norf*	3A 16
Cranworth. *Norf*	2C 17
Cratfield. *Suff*	2C 27
Craymere Beck. *Norf*	2D 9
Creeting St Mary. *Suff*	1D 33
Creeting St Peter. *Suff*	1D 33
Creeton. *Linc*	3B 4
Cressing. *Essx*	1A 40
Cretingham. *Suff*	3B 26
Crews Hill. *G Lon*	3A 38
Crimplesham. *Norf*	2D 15
Cringleford. *Norf*	2A 18
Crockleford Heath. *Essx*	1D 41
Cromer. *Herts*	1D 37
Cromer. *Norf*	1B 10
Crossdale Street. *Norf*	2B 10
Cross End. *Essx*	3B 32
Cross Green. *Suff*	1B 32
(nr. Cockfield)	
Cross Green. *Suff*	1C 33
(nr. Hitcham)	
Cross Street. *Suff*	2A 26
Crostwick. *Norf*	1B 18
Crostwight. *Norf*	3C 11
Crow End. *Cambs*	1A 30
Crowfield. *Suff*	1A 34
Crow Green. *Essx*	3C 39
Crowland. *Linc*	1D 13
Crowland. *Suff*	2D 25
Crown Corner. *Suff*	2B 26
Crownthorpe. *Norf*	2D 17
Crowshill. *Norf*	2C 17
Croxton. *Cambs*	3D 21
Croxton. *Norf*	2C 9
(nr. Fakenham)	
Croxton. *Norf*	1B 24
(nr. Thetford)	
Croydon. *Cambs*	2A 30
Cryers Hill. *Buck*	3A 36
Cublington. *Buck*	1A 36
Cuckoo Bridge. *Linc*	3D 5
Cuffley. *Herts*	3A 38
Culford. *Suff*	3B 24
Culverthorpe. *Linc*	1B 4
Cumberlow Green. *Herts*	3A 30
Cutlers Green. *Essx*	3C 31

D

Daffy Green. *Norf*	2C 17
Dagnall. *Buck*	2A 36
Dalham. *Suff*	3A 24
Dallinghoo. *Suff*	1B 34
Damgate. *Norf*	2D 19
(nr. Acle)	
Damgate. *Norf*	1D 19
(nr. Martham)	
Dam Green. *Norf*	1D 25
Danbury. *Essx*	3A 40
Dane End. *Herts*	1A 38
Darmsden. *Suff*	1D 33
Darrow Green. *Norf*	1B 26
Darsham. *Suff*	3D 27
Dassels. *Herts*	1A 38
Datchworth. *Herts*	2D 37
Datchworth Green. *Herts*	2D 37
Dawsmere. *Linc*	2B 6
Debach. *Suff*	1B 34
Debden. *Essx*	3C 31
Debden Green. *Essx*	3B 38
(nr. Loughton)	
Debden Green. *Essx*	3C 31
(nr. Saffron Walden)	
Debenham. *Suff*	3A 26

Dedham. *Essx*	3D 33
Dedham Heath. *Essx*	3D 33
Deene. *Nptn*	3A 12
Deenethorpe. *Nptn*	3A 12
Deeping Gate. *Pet*	2C 13
Deeping St James. *Linc*	2C 13
Deeping St Nicholas. *Linc*	1D 13
Dell, The. *Suff*	3D 19
Delvin End. *Essx*	3A 32
Dembleby. *Linc*	2B 4
Denford. *Nptn*	2A 20
Dengie. *Essx*	3C 41
Denham. *Suff*	3A 24
(nr. Bury St Edmunds)	
Denham. *Suff*	2A 26
(nr. Eye)	
Denham Street. *Suff*	2A 26
Dennington. *Suff*	3B 26
Denny End. *Cambs*	3B 22
Denston. *Suff*	1A 32
Denton. *Cambs*	1C 21
Denton. *Linc*	2A 4
Denton. *Norf*	1B 26
Denton. *Nptn*	1A 28
Denver. *Norf*	2D 15
Deopham. *Norf*	2D 17
Deopham Green. *Norf*	3D 17
Depden. *Suff*	1A 32
Depden Green. *Suff*	1A 32
Dereham. *Norf*	1C 17
Dersingham. *Norf*	2D 7
Dickleburgh. *Norf*	1A 26
Diddington. *Cambs*	3C 21
Digswell. *Herts*	2D 37
Dilham. *Norf*	3C 11
Dillington. *Cambs*	3C 21
Diss. *Norf*	2A 26
Ditchingham. *Norf*	3C 19
Ditton Green. *Cambs*	1D 31
Docking. *Norf*	2A 8
Doddinghurst. *Essx*	3C 39
Doddington. *Cambs*	3A 14
Doddshill. *Norf*	2A 8
Dogsthorpe. *Pet*	2D 13
Donington. *Linc*	2D 5
Donington Eaudike. *Linc*	2D 5
Donington South Ing. *Linc*	2D 5
Dorking Tye. *Suff*	3C 33
Dorrington. *Linc*	1B 4
Dovercourt. *Essx*	3B 34
Downfield. *Cambs*	2D 23
Downham. *Essx*	3A 40
Downham Market. *Norf*	2D 15
Dowsby. *Linc*	3C 5
Dowsdale. *Linc*	1D 13
Drabblegate. *Norf*	3B 10
Drayton. *Linc*	2D 5
Drayton. *Norf*	1A 18
Drayton Beauchamp. *Buck*	2A 36
Drayton Parslow. *Buck*	1A 36
Drinkstone. *Suff*	3C 25
Drinkstone Green. *Suff*	3C 25
Drury Square. *Norf*	1C 17
Dry Doddington. *Linc*	1A 4
Dry Drayton. *Cambs*	3A 22
Duck End. *Essx*	1D 39
Duddenhoe End. *Essx*	3B 30
Duddington. *Nptn*	2A 12
Dullingham. *Cambs*	1D 31
Dullingham Ley. *Cambs*	1D 31
Duloe. *Beds*	3C 21
Dunsby. *Linc*	3C 5
Dunsmore. *Buck*	3A 36
Dunstable. *Beds*	1B 36
Dunstall Green. *Suff*	3A 24
Dunston. *Norf*	2B 18
Dunton. *Beds*	2D 29

Dunton. *Norf*	2B 8
Dunton Patch. *Norf*	2B 8
Dunwich. *Suff*	2D 27
Duton Hill. *Essx*	1D 39
Duxford. *Cambs*	2B 30
Dyke. *Linc*	3C 5

E

Eaglethorpe. *Nptn*	3B 12
Earith. *Cambs*	2A 22
Earlesfield. *Linc*	2A 4
Earlham. *Norf*	2A 18
Earls Barton. *Nptn*	3A 20
Earls Colne. *Essx*	1B 40
Earl's Green. *Suff*	3D 25
Earl Soham. *Suff*	3B 26
Earl Stonham. *Suff*	1A 34
Earsham. *Norf*	1C 27
Earsham Street. *Suff*	2B 26
East Barsham. *Norf*	2C 9
East Beckham. *Norf*	1A 10
East Bergholt. *Suff*	3D 33
East Bliney. *Norf*	1C 17
East Bridge. *Suff*	3D 27
East Carleton. *Norf*	2A 18
East End. *Cambs*	2A 22
East End. *Herts*	1B 38
East End. *Suff*	3A 34
Eastgate. *Norf*	3A 10
East Gores. *Essx*	1B 40
East Hanningfield. *Essx*	3A 40
East Harling. *Norf*	1C 25
East Hatley. *Cambs*	1D 29
Easthaugh. *Norf*	1D 17
East Heckington. *Linc*	1C 5
Easthorpe. *Essx*	1C 41
East Hyde. *Beds*	2C 37
East Lexham. *Norf*	1B 16
East Mersea. *Essx*	2D 41
Eastmoor. *Norf*	2A 16
Easton. *Cambs*	2C 21
Easton. *Linc*	3A 4
Easton. *Norf*	1A 18
Easton. *Suff*	1B 34
Easton Maudit. *Nptn*	1A 28
Easton on the Hill. *Nptn*	2B 12
East Perry. *Cambs*	3C 21
East Raynham. *Norf*	3B 8
Eastrea. *Cambs*	3D 13
East Rudham. *Norf*	3B 8
East Runton. *Norf*	1A 10
East Ruston. *Norf*	3C 11
East Somerton. *Norf*	1D 19
East Tuddenham. *Norf*	1D 17
East Walton. *Norf*	1A 16
Eastwick. *Herts*	2B 38
East Winch. *Norf*	1D 15
Eastwood End. *Cambs*	3B 14
Eaton. *Norf*	2D 7
(nr. Heacham)	
Eaton. *Norf*	2B 18
(nr. Norwich)	
Eaton Bray. *Beds*	1A 36
Eaton Green. *Beds*	1A 36
Eaton Socon. *Cambs*	1C 29
Eau Brink. *Norf*	1C 15
Eccles on Sea. *Norf*	3D 11
Eccles Road. *Norf*	3D 17
Edenham. *Linc*	3B 4
Edgefield. *Norf*	2D 9
Edgefield Street. *Norf*	2D 9
Edingthorpe. *Norf*	2C 11
Edith Weston. *Rut*	2A 12
Edlesborough. *Buck*	2A 36
Edmondthorpe. *Leics*	1A 12
Edney Common. *Essx*	3D 39
Edwardstone. *Suff*	2C 33
Edworth. *Beds*	2D 29

Eggington. *Beds*	1A 3
Egleton. *Rut*	2A 1
Eight Ash Green. *Essx*	1C 4
Eldernell. *Cambs*	3A 1
Elder Street. *Essx*	3C 3
Elford Closes. *Cambs*	2B 2
Elkins Green. *Essx*	3D
Ellenbrook. *Herts*	3D 3
Ellingham. *Norf*	3C 1
Ellington. *Cambs*	2C 2
Ellington Thorpe. *Cambs*	2C 2
Ellough. *Suff*	1D 2
Elm. *Cambs*	2B 1
Elmdon. *Essx*	3B 3
Elmsett. *Suff*	2D 3
Elmstead. *Essx*	1D 4
Elmstead Heath. *Essx*	1D 4
Elmstead Market. *Essx*	1D 4
Elmswell. *Suff*	3C 2
Elsenham. *Essx*	1C 3
Elsing. *Norf*	1D 1
Elsthorpe. *Linc*	3B 4
Elstow. *Beds*	2B 2
Elsworth. *Cambs*	3A 2
Eltisley. *Cambs*	1D 2
Elton. *Cambs*	3B 1
Elveden. *Suff*	2B 2
Ely. *Cambs*	1C 2
Emberton. *Mil*	2A 2
Emneth. *Norf*	2B 1
Emneth Hungate. *Norf*	2C 1
Empingham. *Rut*	2A 12
Enfield. *G Lon*	3A 38
Enfield Wash. *G Lon*	3A 38
Epping. *Essx*	3B 38
Epping Green. *Essx*	3B 38
Epping Green. *Herts*	3D 37
Epping Upland. *Essx*	3B 38
Eriswell. *Suff*	2A 24
Erpingham. *Norf*	2A 10
Erwarton. *Suff*	3B 34
Essendine. *Rut*	1B 12
Essendon. *Herts*	3D 37
Etling Green. *Norf*	1D 17
Etton. *Pet*	2C 13
Euston. *Suff*	2B 24
Evedon. *Linc*	1B 4
Eversholt. *Beds*	3A 28
Everton. *Beds*	1D 29
Ewerby. *Linc*	1C 5
Exning. *Suff*	3D 23
Exton. *Rut*	1A 12
Eye. *Pet*	2D 13
Eye. *Suff*	2A 26
Eye Green. *Pet*	2D 13
Eyeworth. *Beds*	2D 29
Eyke. *Suff*	1C 35
Eynesbury. *Cambs*	3C 21

F

Fair Green. *Norf*	1D 15
Fairstead. *Essx*	2A 40
Fairstead. *Norf*	1D 15
Fakenham. *Norf*	3C 9
Fakenham Magna. *Suff*	2C 25
Falkenham. *Suff*	3B 34
Fancott. *Beds*	1B 36
Fanner's Green. *Essx*	2D 39
Farley Green. *Suff*	1A 32
Farndish. *Beds*	3A 20
Farnham. *Essx*	1B 38
Farnham. *Suff*	3C 27
Farnham Green. *Essx*	1B 38
Faulkbourne. *Essx*	2A 40
Feering. *Essx*	1B 40
Felbrigg. *Norf*	2B 10
Felden. *Herts*	3B 36

46 East Anglia Regional Atlas

Felixstowe—Green Tye

Felixstowe. Suff.	3C 35
Felixstowe Ferry. Suff.	3C 35
Felmersham. Beds.	1A 28
Felmingham. Norf.	3B 10
Felsham. Suff.	1C 33
Felsted. Essx.	1D 39
Felthorpe. Norf.	1A 18
Feltwell. Norf.	1A 24
Fen Ditton. Cambs.	3B 22
Fen Drayton. Cambs.	3A 22
Fen End. Linc.	3D 5
Fenhouses. Linc.	1D 5
Fenny Stratford. Mil.	3A 28
Fenstanton. Cambs.	3A 22
Fen Street. Norf.	3D 17
Fenton. Cambs.	2A 22
Fenton. Linc.	1A 4
Ferry Hill. Cambs.	1A 22
Fersfield. Norf.	1D 25
Fiddlers Hamlet. Essx.	3B 38
Field Dalling. Norf.	2D 9
Filby. Norf.	1D 19
Filgrave. Mil.	2A 28
Fincham. Norf.	2D 15
Finchingfield. Essx.	3D 31
Finedon. Nptn.	2A 20
Fingal Street. Suff.	2B 26
Fingringhoe. Essx.	1D 41
Finningham. Suff.	3D 25
Fishley. Norf.	1D 19
Fishtoft. Linc.	1A 6
Fishtoft Drove. Linc.	1A 6
Fitton End. Cambs.	1B 14
Flack's Green. Essx.	2A 40
Flamstead. Herts.	2B 36
Flaunden. Herts.	3B 36
Fleet. Linc.	3A 6
Fleet Hargate. Linc.	3A 6
Fleetville. Herts.	3C 37
Fleggburgh. Norf.	1D 19
Flempton. Suff.	3B 24
Flitcham. Norf.	3A 8
Flitton. Beds.	3B 28
Flitwick. Beds.	3B 28
Flixton. Suff.	1C 27
Flood's Ferry. Cambs.	3A 14
Flordon. Norf.	3A 18
Flowton. Suff.	2D 33
Folkingham. Linc.	2B 4
Folksworth. Cambs.	3C 13
Folly, The. Herts.	2C 37
Ford End. Essx.	2D 39
Fordham. Cambs.	2D 23
Fordham. Essx.	1C 41
Fordham. Norf.	3D 15
Fordham Heath. Essx.	1C 41
Ford Street. Essx.	1C 41
Forncett End. Norf.	3A 18
Forncett St Mary. Norf.	3A 18
Forncett St Peter. Norf.	3A 18
Fornham All Saints. Suff.	3B 24
Fornham St Martin. Suff.	3B 24
Forty Hill. G Lon.	3A 38
Forward Green. Suff.	1D 33
Fosdyke. Linc.	2A 6
Foster Street. Essx.	3B 38
Foston. Linc.	1A 4
Fotheringhay. Nptn.	3B 12
Foul Anchor. Cambs.	1B 14
Foulden. Norf.	3A 16
Foulsham. Norf.	3D 9
Four Ashes. Suff.	2D 25
Four Gotes. Cambs.	1B 14
Fowlmere. Cambs.	2B 30
Foxearth. Essx.	2B 32
Fox Hatch. Essx.	3C 39
Foxley. Norf.	3D 9
Fox Street. Essx.	1D 41
Foxton. Cambs.	2B 30
Framingham Earl. Norf.	2B 18
Framingham Pigot. Norf.	2B 18
Framlingham. Suff.	3B 26
Frampton. Linc.	2A 6
Frampton West End. Linc.	1D 5
Framsden. Suff.	1A 34
Frankfort. Norf.	3C 11
Frating Green. Essx.	1D 41
Freckenham. Suff.	2D 23
Freethorpe. Norf.	2D 19
Freiston. Linc.	1A 6
Freiston Shore. Linc.	1A 6
Frenze. Norf.	1A 26
Fressingfield. Suff.	2B 26
Freston. Suff.	3A 34
Frettenham. Norf.	1B 18
Friday Bridge. Cambs.	2B 14
Frieston. Linc.	1A 4
Fring. Norf.	2A 8
Frinton-on-Sea. Essx.	2B 42
Friston. Suff.	3D 27
Frith Bank. Linc.	1A 6
Frithsden. Herts.	3B 36
Frithville. Linc.	1A 6
Fritton. Norf.	2D 19
(nr. Great Yarmouth)	
Fritton. Norf.	3B 18
(nr. Long Stratton)	
Frogmore. Herts.	3C 37
Frognall. Linc.	1C 13
Frogshall. Norf.	2B 10
Froxfield. Beds.	3A 28
Fryerning. Essx.	3D 39
Fulbeck. Linc.	1A 4
Fulbourn. Cambs.	1C 31
Fuller Street. Essx.	2A 40
Fulmodestone. Norf.	2C 9
Fulney. Linc.	3D 5
Fundenhall. Norf.	3A 18
Furneux Pelham. Herts.	1B 38
Fyfield. Essx.	3C 39

G

Gainsborough. Suff.	2A 34
Gainsford End. Essx.	3A 32
Galleyend. Essx.	3A 40
Galleywood. Essx.	3A 40
Gamlingay. Cambs.	1D 29
Gamlingay Cinques. Cambs.	1D 29
Gamlingay Great Heath. Cambs.	1D 29
Garboldisham. Norf.	1D 25
Garnsgate. Linc.	3B 6
Garvestone. Norf.	2D 17
Garwick. Linc.	1C 5
Gasthorpe. Norf.	1C 25
Gateley. Norf.	3C 9
Gaultree. Norf.	2B 14
Gay Bowers. Essx.	3A 40
Gayhurst. Mil.	2A 28
Gayton. Norf.	1A 16
Gayton Thorpe. Norf.	1A 16
Gaywood. Norf.	3D 7
Gazeley. Suff.	3A 24
Gedding. Suff.	1C 33
Geddington. Nptn.	1A 20
Gedney. Linc.	3B 6
Gedney Broadgate. Linc.	3B 6
Gedney Drove End. Linc.	3B 6
Gedney Dyke. Linc.	3B 6
Gedney Hill. Linc.	1A 14
Geeston. Rut.	2A 12
Geldeston. Norf.	3C 19
Gelston. Linc.	1A 4
Gestingthorpe. Essx.	3B 32
Gibraltar. Suff.	1A 34
Gillingham. Norf.	3D 19
Gimingham. Norf.	2B 10
Gipping. Suff.	3D 25
Gipsey Bridge. Linc.	1D 5
Girton. Cambs.	3B 22
Gisleham. Suff.	1D 27
Gislingham. Suff.	2D 25
Gissing. Norf.	1A 26
Glandford. Norf.	1D 9
Glapthorn. Nptn.	3B 12
Glaston. Rut.	2A 12
Glatton. Cambs.	1C 21
Glemsford. Suff.	2B 32
Glinton. Pet.	2C 13
Goddard's Corner. Suff.	3B 26
Godmanchester. Cambs.	2D 21
Goff's Oak. Herts.	3A 38
Goldhanger. Essx.	3C 41
Gold Hill. Norf.	3C 15
Goldington. Beds.	1B 28
Gonerby Hill Foot. Linc.	2A 4
Good Easter. Essx.	2D 39
Gooderstone. Norf.	2A 16
Gorefield. Cambs.	1B 14
Gorleston-on-Sea. Norf.	2D 19
Gosbeck. Suff.	1A 34
Gosberton. Linc.	2D 5
Gosberton Clough. Linc.	3C 5
Gosfield. Essx.	1A 40
Gosmore. Herts.	1C 37
Graby. Linc.	3B 4
Grafham. Cambs.	3C 21
Grafton Underwood. Nptn.	1A 20
Grantchester. Cambs.	1B 30
Grantham. Linc.	2A 4
Graveley. Cambs.	3D 21
Graveley. Herts.	1D 37
Great Abington. Cambs.	2C 31
Great Addington. Nptn.	2A 20
Great Amwell. Herts.	2A 38
Great Ashfield. Suff.	3C 25
Great Baddow. Essx.	3A 40
Great Bardfield. Essx.	3D 31
Great Barford. Beds.	1C 29
Great Barton. Suff.	3B 24
Great Bealings. Suff.	2B 34
Great Bentley. Essx.	1A 42
Great Bircham. Norf.	2A 8
Great Blakenham. Suff.	1A 34
Great Bradley. Suff.	1D 31
Great Braxted. Essx.	2B 40
Great Bricett. Suff.	1D 33
Great Brickhill. Buck.	3A 28
Great Bromley. Essx.	1D 41
Great Canfield. Essx.	2C 39
Great Casterton. Rut.	2B 12
Great Chesterford. Essx.	2C 31
Great Chishill. Cambs.	3B 30
Great Clacton. Essx.	2A 42
Great Cornard. Suff.	2B 32
Great Cressingham. Norf.	2B 16
Great Doddington. Nptn.	3A 20
Great Dunham. Norf.	1B 16
Great Dunmow. Essx.	1D 39
Great Easton. Essx.	1D 39
Great Easton. Leics.	3A 12
Great Ellingham. Norf.	3D 17
Great Eversden. Cambs.	1A 30
Great Finborough. Suff.	1D 33
Greatford. Linc.	1B 12
Great Fransham. Norf.	1B 16
Great Gaddesden. Herts.	2B 36
Great Gidding. Cambs.	1C 21
Great Glemham. Suff.	3C 27
Great Gonerby. Linc.	2A 4
Great Gransden. Cambs.	1D 29
Great Green. Norf.	1B 26
Great Green. Suff.	1C 33 (nr. Lavenham)
Great Green. Suff.	2A 26 (nr. Palgrave)
Great Hale. Linc.	1C 5
Great Hallingbury. Essx.	2C 39
Great Hampden. Buck.	3A 36
Great Harrowden. Nptn.	2A 20
Great Henny. Essx.	3B 32
Great Hockham. Norf.	3C 17
Great Holland. Essx.	2B 42
Great Horkesley. Essx.	3C 33
Great Hormead. Herts.	3B 30
Great Kingshill. Buck.	3A 36
Great Leighs. Essx.	2A 40
Great Linford. Mil.	1A 28
Great Livermere. Suff.	2B 24
Great Maplestead. Essx.	3B 32
Great Massingham. Norf.	3A 8
Great Melton. Norf.	2A 18
Great Missenden. Buck.	3A 36
Great Moulton. Norf.	3A 18
Great Munden. Herts.	1A 38
Great Notley. Essx.	1A 40
Great Oakley. Essx.	1A 42
Great Oakley. Nptn.	1A 20
Great Offley. Herts.	1C 37
Great Oxney Green. Essx.	3D 39
Great Parndon. Essx.	3B 38
Great Paxton. Cambs.	3D 21
Great Plumstead. Norf.	1C 19
Great Ponton. Linc.	2A 4
Great Raveley. Cambs.	1D 21
Great Ryburgh. Norf.	3C 9
Great Saling. Essx.	1D 39
Great Sampford. Essx.	3D 31
Great Saxham. Suff.	3A 24
Great Shelford. Cambs.	1B 30
Great Snoring. Norf.	2C 9
Great Staughton. Cambs.	3C 21
Great Stukeley. Cambs.	2D 21
Great Tey. Essx.	1B 40
Great Thurlow. Suff.	1D 31
Great Totham North. Essx.	2B 40
Great Totham South. Essx.	2B 40
Great Waldingfield. Suff.	2C 33
Great Walsingham. Norf.	2C 9
Great Waltham. Essx.	2D 39
Great Welnetham. Suff.	1B 32
Great Wenham. Suff.	3D 33
Great Wigborough. Essx.	2C 41
Great Wilbraham. Cambs.	1C 31
Great Witchingham. Norf.	1A 18
Great Wratting. Suff.	2D 31
Great Wymondley. Herts.	1D 37
Great Yarmouth. Norf.	2D 19
Great Yeldham. Essx.	3A 32
Green End. Beds.	2B 28
Green End. Herts.	3A 30 (nr. Buntingford)
Green End. Herts.	1A 38 (nr. Stevenage)
Greenfield. Beds.	3B 28
Greengate. Norf.	1D 17
Greensgate. Norf.	1D 17
Greenstead Green. Essx.	1B 40
Greensted Green. Essx.	3C 39
Green Street. Herts.	3C 37
Green Street. Suff.	2A 26
Greenstreet Green. Suff.	2D 33
Green Tye. Herts.	2B 38

East Anglia Regional Atlas 47

Greetham—Horsley Cross

Greetham. *Rut* 1A **12**
Grendon. *Nptn* 3A **20**
Gresham. *Norf* 2A **10**
Gressenhall. *Norf* 1C **17**
Gretton. *Nptn* 3A **12**
Grimsthorpe. *Linc* 3B **4**
Grimston. *Norf* 3A **8**
Grimstone End. *Suff* 3C **25**
Griston. *Norf* 3C **17**
Gromford. *Suff* 1C **35**
Groton. *Suff* 2C **33**
Grundisburgh. *Suff* 1B **34**
Gubblecote. *Herts* 2A **36**
Guestwick. *Norf* 3D **9**
Guestwick Green. *Norf* 3D **9**
Guilden Morden. *Cambs* 2D **29**
Guist. *Norf* 3C **9**
Gulling Green. *Suff* 1B **32**
Gunby. *Linc* 3A **4**
Gunthorpe. *Norf* 2D **9**
Gunthorpe. *Pet* 2C **13**
Guthram Gowt. *Linc* 3C **5**
Guyhirn. *Cambs* 2B **14**
Guyhirn Gull. *Cambs* 2A **14**
Guy's Head. *Linc* 3B **6**

H

Hacconby. *Linc* 3C **5**
Haceby. *Linc* 2B **4**
Hacheston. *Suff* 1C **35**
Hackford. *Norf* 2D **17**
Haddenham. *Cambs* 2B **22**
Haddenham End. *Cambs* 2B **22**
Haddiscoe. *Norf* 3D **19**
Haddon. *Cambs* 3C **13**
Hadham Cross. *Herts* 2B **38**
Hadham Ford. *Herts* 1B **38**
Hadleigh. *Suff* 2D **33**
Hadleigh Heath. *Suff* 2C **33**
Hadley Wood. *G Lon* 3D **37**
Hadstock. *Essx* 2C **31**
Hailey. *Oxon* 2A **38**
Hail Weston. *Cambs* 3C **21**
Hainford. *Norf* 1B **18**
Hales. *Norf* 3C **19**
Halesgate. *Linc* 3A **6**
Halesworth. *Suff* 2C **27**
Hall End. *Beds* 2B **28**
Halley. *Herts* 2A **38**
Hall Green. *Norf* 1A **26**
Hall's Green. *Herts* 1D **37**
Halstead. *Essx* 1B **40**
Haltoft End. *Linc* 1A **6**
Halton. *Buck* 3A **36**
Halvergate. *Norf* 2D **19**
Hamerton. *Cambs* 2C **21**
Hammond Street. *Herts* 3A **38**
Hamperden End. *Essx* 3C **31**
Hamrow. *Norf* 3C **9**
Hanby. *Linc* 2B **4**
Hanscombe End. *Beds* 3C **29**
Hanthorpe. *Linc* 3B **4**
Hanworth. *Norf* 2A **10**
Happisburgh. *Norf* 2C **11**
Happisburgh Common. *Norf* 3C **11**
Hapton. *Norf* 3A **18**
Hardingham. *Norf* 2D **17**
Hardley Street. *Norf* 2C **19**
Hardmead. *Mil* 2A **28**
Hardwick. *Cambs* 1A **30**
Hardwick. *Norf* 1B **26**
Hardwick. *Nptn* 3A **20**
Hardy's Green. *Essx* 1C **41**
Hare Green. *Essx* 1D **41**
Hare Street. *Essx* 3B **38**
Hare Street. *Herts* 1A **38**
Hargate. *Norf* 3A **18**
Hargrave. *Nptn* 2B **20**
Hargrave. *Suff* 1A **32**
Harkstead. *Suff* 3A **34**
Harlaxton. *Linc* 2A **4**
Harleston. *Norf* 1B **26**
Harleston. *Suff* 3D **25**
Harling Road. *Norf* 1C **25**
Harlington. *Beds* 3B **28**
Harlow. *Essx* 3B **38**
Harlton. *Cambs* 1A **30**
Harmer Green. *Herts* 2D **37**
Harpenden. *Herts* 2C **37**
Harpley. *Norf* 3A **8**
Harringworth. *Nptn* 3A **12**
Harrold. *Beds* 1A **28**
Harrowden. *Beds* 2B **28**
Harston. *Cambs* 1B **30**
Harston. *Leics* 2A **4**
Hartest. *Suff* 1B **32**
Hartford. *Cambs* 2D **21**
Hartford End. *Essx* 2D **39**
Harwich. *Essx* 3B **34**
Hasketon. *Suff* 1B **34**
Haslingfield. *Cambs* 1B **30**
Hassingham. *Norf* 2C **19**
Hastingwood. *Essx* 3B **38**
Hastoe. *Herts* 3A **36**
Hatch. *Beds* 2C **29**
Hatching Green. *Herts* 2C **37**
Hatfield. *Herts* 3D **37**
Hatfield Broad Oak. *Essx* 2C **39**
Hatfield Heath. *Essx* 2C **39**
Hatfield Hyde. *Herts* 2D **37**
Hatfield Peverel. *Essx* 2A **40**
Hatley St George. *Cambs* 1D **29**
Haughley. *Suff* 3D **25**
Haughley Green. *Suff* 3D **25**
Haultwick. *Herts* 1A **38**
Hauxton. *Cambs* 1B **30**
Haven Bank. *Linc* 1D **5**
Haverhill. *Suff* 2D **31**
Hawes Green. *Norf* 3B **18**
Hawkedon. *Suff* 1A **32**
Hawstead. *Suff* 1B **32**
Hawthorpe. *Linc* 3B **4**
Hay Green. *Norf* 1C **15**
Haynes. *Beds* 2B **28**
Haynes West End. *Beds* 2B **28**
Hay Street. *Herts* 1A **38**
Hazeleigh. *Essx* 3B **40**
Heacham. *Norf* 2D **7**
Heath and Reach. *Beds* 1A **36**
Heath, The. *Norf* 3B **10** (nr. Buxton)
Heath, The. *Norf* 3C **9** (nr. Fakenham)
Heath, The. *Norf* 3A **10** (nr. Heavingham)
Heathton. *Suff* 3A **34**
Hebing End. *Herts* 1A **38**
Heckfield Green. *Suff* 2A **26**
Heckfordbridge. *Essx* 1C **41**
Heckington. *Linc* 1C **5**
Hedenham. *Norf* 3C **19**
Helhoughton. *Norf* 3B **8**
Helions Bumpstead. *Essx* 2D **31**
Hellesdon. *Norf* 1B **18**
Hellington. *Norf* 2C **19**
Helmingham. *Suff* 1A **34**
Helpringham. *Linc* 1C **5**
Helpston. *Pet* 2C **13**
Hemblington. *Norf* 1C **19**
Hemel Hempstead. *Herts* 3B **36**
Hemingford Abbots. *Cambs* 2D **21**
Hemingford Grey. *Cambs* 2D **21**
Hemingstone. *Suff* 1A **34**
Hemington. *Nptn* 1B **20**
Hemley. *Suff* 2B **34**
Hempnall. *Norf* 3B **18**
Hempnall Green. *Norf* 3B **18**
Hemp's Green. *Essx* 1C **41**
Hempstead. *Essx* 3D **31**
Hempstead. *Norf* 2A **10** (nr. Holt)
Hempstead. *Norf* 3D **11** (nr. Stalham)
Hempton. *Norf* 3C **9**
Hemsby. *Norf* 1D **19**
Hengrave. *Suff* 3B **24**
Henham. *Essx* 1C **39**
Henley. *Suff* 1A **34**
Henlow. *Beds* 3C **29**
Henny Street. *Essx* 3B **32**
Henstead. *Suff* 1D **27**
Hepworth. *Suff* 2C **25**
Herringfleet. *Suff* 3D **19**
Herringswell. *Suff* 3A **24**
Hertford. *Herts* 2A **38**
Hertford Heath. *Herts* 2A **38**
Hertingfordbury. *Herts* 2A **38**
Hessett. *Suff* 3C **25**
Hethersett. *Norf* 2A **18**
Heveningham. *Suff* 2C **27**
Hevingham. *Norf* 3A **10**
Hexton. *Herts* 3C **29**
Heybridge. *Essx* 3D **39** (nr. Brentwood)
Heybridge. *Essx* 3B **40** (nr. Maldon)
Heybridge Basin. *Essx* 3B **40**
Heydon. *Cambs* 2B **30**
Heydon. *Norf* 3A **10**
Heydour. *Linc* 2B **4**
Hickling. *Norf* 3D **11**
Hickling Green. *Norf* 3D **11**
Hickling Heath. *Norf* 3D **11**
Higham. *Suff* 3D **33** (nr. Ipswich)
Higham. *Suff* 3A **24** (nr. Newmarket)
Higham Ferrers. *Nptn* 3A **20**
Higham Gobion. *Beds* 3C **29**
High Barnet. *G Lon* 3D **37**
High Beech. *Essx* 3B **38**
High Common. *Norf* 2C **17**
High Cross. *Herts* 2A **38**
High Easter. *Essx* 2D **39**
High Ferry. *Linc* 1A **6**
Highfields. *Cambs* 1A **30**
High Garrett. *Essx* 1A **40**
High Green. *Norf* 2A **18**
High Kelling. *Norf* 1A **10**
High Laver. *Essx* 3C **39**
High Ongar. *Essx* 3C **39**
High Roding. *Essx* 2D **39**
High Street. *Suff* 1D **35** (nr. Aldeburgh)
High Street. *Suff* 1C **27** (nr. Bungay)
High Street. *Suff* 2D **27** (nr. Yoxford)
Highstreet Green. *Essx* 3A **32**
High Street Green. *Suff* 1D **33**
Hightown Green. *Suff* 1C **33**
High Wych. *Herts* 2B **38**
Hilborough. *Norf* 2B **16**
Hildersham. *Cambs* 2C **31**
Hilgay. *Norf* 3D **15**
Hilldyke. *Linc* 1A **6**
Hill Green. *Essx* 3B **30**
Hillington. *Norf* 3A **8**
Hilton. *Cambs* 3D **21**
Hinderclay. *Suff* 2D **25**
Hindolveston. *Norf* 3D **9**
Hindringham. *Norf* 2C **9**
Hingham. *Norf* 2D **17**
Hintlesham. *Suff* 2D **33**
Hinwick. *Beds* 3A **20**
Hinxton. *Cambs* 2B **30**
Hinxworth. *Herts* 2D **29**
Histon. *Cambs* 3B **22**
Hitcham. *Suff* 1C **33**
Hitchin. *Herts* 1C **37**
Hobbles Green. *Suff* 1A **32**
Hobbs Cross. *Essx* 3B **38**
Hockering. *Norf* 1D **17**
Hockering Heath. *Norf* 1D **17**
Hockliffe. *Beds* 1A **36**
Hockwold cum Wilton. *Norf* 1A **24**
Hoddesdon. *Herts* 3A **38**
Hoe. *Norf* 1C **17**
Hoffleet Stow. *Linc* 2D **5**
Hoggard's Green. *Suff* 1B **32**
Holbeach. *Linc* 3A **6**
Holbeach Bank. *Linc* 3A **6**
Holbeach Clough. *Linc* 3A **6**
Holbeach Drove. *Linc* 1A **14**
Holbeach Hurn. *Linc* 3A **6**
Holbeach St Johns. *Linc* 1A **14**
Holbeach St Marks. *Linc* 2A **6**
Holbeach St Matthew. *Linc* 2B **6**
Holbrook. *Suff* 3A **34**
Holder's Green. *Essx* 1D **39**
Holdingham. *Linc* 1B **4**
Holkham. *Norf* 1B **8**
Holland Fen. *Linc* 1D **5**
Holland-on-Sea. *Essx* 2A **42**
Hollesley. *Suff* 2C **35**
Hollingdon. *Buck* 1A **36**
Holly End. *Norf* 2B **14**
Holme. *Cambs* 1C **21**
Holme Hale. *Norf* 2B **16**
Holme next the Sea. *Norf* 1A **8**
Holmer Green. *Buck* 3A **36**
Holmsey Green. *Suff* 2D **23**
Holt. *Norf* 2D **9**
Holton. *Suff* 2C **27**
Holton St Mary. *Suff* 3D **33**
Holtsmere End. *Herts* 2B **36**
Holwell. *Herts* 3C **29**
Holyfield. *Essx* 3A **38**
Holywell. *Cambs* 2A **22**
Holywell Row. *Suff* 2A **24**
Homersfield. *Suff* 1B **26**
Honey Tye. *Suff* 3C **33**
Honing. *Norf* 3C **11**
Honingham. *Norf* 1A **18**
Honington. *Linc* 1A **4**
Honington. *Suff* 2C **25**
Hoo. *Suff* 1B **34**
Hook. *Cambs* 3B **14**
Hook's Cross. *Herts* 1D **37**
Hop Pole. *Linc* 1C **13**
Hopton. *Suff* 2C **25**
Hopton on Sea. *Norf* 2D **19**
Horbling. *Linc* 2C **5**
Horham. *Suff* 2B **26**
Horkesley Heath. *Essx* 1C **41**
Horning. *Norf* 1C **19**
Horningsea. *Cambs* 3B **22**
Horningtoft. *Norf* 3C **9**
Horringer. *Suff* 3B **24**
Horseheath. *Cambs* 2D **31**
Horseway. *Cambs* 1B **22**
Horsey. *Norf* 3D **11**
Horsford. *Norf* 1A **18**
Horsham St Faith. *Norf* 1B **18**
Horsley Cross. *Essx* 1A **42**

48 East Anglia Regional Atlas

Horsleycross Street—Little Hautbois

Horsleycross Street. *Essx* 1A **42**
Horstead. *Norf*. 1B **18**
Horton. *Buck*. 2A **36**
Hougham. *Linc* 1A **4**
Hough-on-the-Hill. *Linc* 1A **4**
Houghton. *Cambs* 2D **21**
Houghton Conquest.
  Beds 2B **28**
Houghton Regis. *Beds*. 1B **36**
Houghton St Giles. *Norf*. ... 2C **9**
Hoveton. *Norf* 1C **19**
Howe. *Norf* 2B **18**
Howe Green. *Essx* 3A **40**
  (nr. Chelmsford)
Howegreen. *Essx*. 3B **40**
  (nr. Maldon)
Howell. *Linc* 1C **5**
How End. *Beds* 2B **28**
Howe Street. *Essx*. 2D **39**
  (nr. Chelmsford)
Howe Street. *Essx*. 3D **31**
  (nr. Finchingfield)
How Hill. *Norf* 1C **19**
Howlett End. *Essx* 3C **31**
Hoxne. *Suff*. 2A **26**
Hubbert's Bridge. *Linc*. 1D **5**
Hughenden Valley. *Buck*. ... 3A **36**
Hulcott. *Buck*. 2A **36**
Hulver Street. *Suff*. 1D **27**
Humby. *Linc* 2B **4**
Hundle Houses. *Linc* 1D **5**
Hundon. *Suff*. 2A **32**
Hungerton. *Linc* 2A **4**
Hunsdon. *Herts*. 2B **38**
Hunstanton. *Norf* 1D **7**
Hunston. *Suff*. 3C **25**
Huntingdon. *Cambs*. 2D **21**
Huntingfield. *Suff*. 2C **27**
Hunton Bridge. *Herts*. 3B **36**
Hunt's Corner. *Norf* 1D **25**
Hunworth. *Norf*. 2D **9**
Hurst Green. *Essx* 2D **41**
Husborne Crawley.
  Beds 3A **28**
Hyde Heath. *Buck* 3A **36**

I

Ickburgh. *Norf*. 3B **16**
Ickleford. *Herts* 3C **29**
Ickleton. *Cambs*. 2B **30**
Icklingham. *Suff* 2A **24**
Ickwell. *Beds* 2C **29**
Iken. *Suff* 1D **35**
Ilketshall St Andrew.
  Suff. 1C **27**
Ilketshall St Lawrence.
  Suff. 1C **27**
Ilketshall St Margaret.
  Suff. 1C **27**
Illington. *Norf* 1C **25**
Impington. *Cambs*. 3B **22**
Ingatestone. *Essx* 3D **39**
Ingham. *Norf*. 3C **11**
Ingham. *Suff*. 2B **24**
Ingham Corner. *Norf* 3C **11**
Ingleborough. *Norf* 1B **14**
Ingoldisthorpe. *Norf*. 2D **7**
Ingoldsby. *Linc* 2B **4**
Ingthorpe. *Rut*. 2A **12**
Ingworth. *Norf*. 3A **10**
Intwood. *Norf* 2A **18**
Inworth. *Essx* 2B **40**
Ipswich. *Suff*. 2A **34**
Irchester. *Nptn*. 3A **20**
Irnham. *Linc* 3B **4**
Iron Bridge. *Cambs* 3B **14**
Irstead. *Norf* 3C **11**
Irthlingborough. *Nptn* 2A **20**
Isham. *Nptn* 2A **20**
Isleham. *Cambs* 2D **23**
Islip. *Nptn* 2A **20**
Itteringham. *Norf*. 2A **10**
Itteringham Common.
  Norf 3A **10**
Ivinghoe. *Buck* 2A **36**
Ivinghoe Aston. *Buck*. 2A **36**
Ivy Todd. *Norf* 2B **16**
Ixworth. *Suff*. 2C **25**
Ixworth Thorpe. *Suff* 2C **25**

J

Jasper's Green. *Essx* 1A **40**
Jaywick. *Essx* 2A **42**
Jockey End. *Herts* 2B **36**
Johnson's Street. *Norf*. 1C **19**
Jordan Green. *Norf* 3D **9**

K

Kedington. *Suff*. 2A **32**
Keeley Green. *Beds* 2B **28**
Keisby. *Linc*. 3B **4**
Kelby. *Linc* 1B **4**
Kelling. *Norf* 1D **9**
Kelsale. *Suff*. 3C **27**
Kelshall. *Herts* 3A **30**
Kelvedon. *Essx* 2B **40**
Kelvedon Hatch. *Essx* 3C **39**
Kempston. *Beds* 2B **28**
Kempston Hardwick.
  Beds 2B **28**
Kennett. *Cambs*. 3D **23**
Kenninghall. *Norf*. 1D **25**
Kennyhill. *Suff*. 2B **23**
Kensworth. *Beds*. 2B **36**
Kensworth Common.
  Beds 2B **36**
Kentford. *Suff*. 3A **24**
Kenton. *Suff*. 3A **26**
Kersey. *Suff*. 2D **33**
Kesgrave. *Suff*. 2B **34**
Kessingland. *Suff* 1D **27**
Kessingland Beach.
  Suff. 1D **27**
Keswick. *Norf* 2C **11**
  (nr. North Walsham)
Keswick. *Norf* 2A **18**
  (nr. Norwich)
Kettering. *Nptn*. 2A **20**
Ketteringham. *Norf*. 2A **18**
Kettlebaston. *Suff*. 1C **33**
Kettleburgh. *Suff*. 3B **26**
Kettlestone. *Norf*. 2C **9**
Ketton. *Rut*. 2A **12**
Keysoe. *Beds*. 3B **20**
Keysoe Row. *Beds*. 3B **20**
Keyston. *Cambs* 2B **20**
Kidd's Moor. *Norf* 2A **18**
Kimberley. *Norf*. 2D **17**
Kimbolton. *Cambs*. 3B **20**
Kimpton. *Herts* 2C **37**
Kingsash. *Buck* 3A **36**
King's Cliffe. *Nptn* 3B **12**
Kingshall Street. *Suff*. 3C **25**
Kings Langley. *Herts* 3B **36**
King's Lynn. *Norf* 1D **15**
Kings Ripton. *Cambs* 2D **21**
Kingston. *Cambs* 1A **30**
King's Walden. *Herts* 1C **37**
Kinsbourne Green.
  Herts 2C **37**
Kirby Bedon. *Norf* 2B **18**
Kirby Cane. *Norf* 3C **19**
Kirby Cross. *Essx* 1B **42**
Kirby-le-Soken. *Essx* 1B **42**
Kirby Row. *Norf*. 3C **19**
Kirkby la Thorpe. *Linc*. 1C **5**
Kirkby Underwood. *Linc*. .. 3B **4**
Kirkley. *Suff*. 3D **19**
Kirstead Green. *Norf* 3B **18**
Kirtling. *Cambs* 1D **31**
Kirtling Green. *Cambs* 1D **31**
Kirton. *Linc* 2A **6**
Kirton. *Suff* 3B **34**
Kirton End. *Linc* 1D **5**
Kirton Holme. *Linc* 1D **5**
Knapton. *Norf* 2C **11**
Knapwell. *Cambs*. 3A **22**
Knebworth. *Herts* 1D **37**
Kneesworth. *Cambs*. 2A **30**
Knight's End. *Cambs* 3B **14**
Knodishall. *Suff*. 3D **27**
Knotting. *Beds*. 3B **20**
Knotting Green. *Beds*. 3B **20**
Knuston. *Nptn* 3A **20**

L

Lackford. *Suff*. 2A **24**
Lakenham. *Norf*. 2B **18**
Lakenheath. *Suff* 1A **24**
Lakesend. *Norf* 3C **15**
Lamarsh. *Essx* 3B **32**
Lamas. *Norf* 3B **10**
Lamb Corner. *Essx* 3D **33**
Landbeach. *Cambs* 3B **22**
Langenhoe. *Essx*. 2D **41**
Langford. *Beds* 2C **29**
Langford. *Essx* 3B **40**
Langham. *Essx*. 3D **33**
Langham. *Norf* 1D **9**
Langham. *Rut*. 1A **12**
Langham. *Suff*. 3C **25**
Langley. *Essx* 3B **30**
Langley. *Herts* 1D **37**
Langleybury. *Herts* 3B **36**
Langley Green. *Norf*. 2C **19**
Langley Street. *Norf*. 2C **19**
Langrick. *Linc* 1D **5**
Langtoft. *Linc* 1C **13**
Larling. *Norf* 1C **25**
Latchford. *Herts* 1A **38**
Latchingdon. *Essx* 3B **40**
Lathbury. *Mil*. 2A **28**
Latimer. *Buck* 3B **36**
Laughton. *Linc* 2B **4**
Lavendon. *Mil* 1A **28**
Lavenham. *Suff* 2C **33**
Lawford. *Essx* 3D **33**
Lawshall. *Suff*. 1B **32**
Laxfield. *Suff*. 2B **26**
Laxton. *Nptn* 3A **12**
Layer Breton. *Essx*. 2C **41**
Layer-de-la-Haye. *Essx* ... 1C **41**
Layer Marney. *Essx* 2C **41**
Leadenham. *Linc*. 1A **4**
Leaden Roding. *Essx*. 2C **39**
Leagrave. *Lutn* 1B **36**
Leake Common Side.
  Linc. 1A **6**
Leake Fold Hill. *Linc*. 1B **6**
Leake Hurn's End. *Linc* ... 1B **6**
Leasingham. *Linc* 1B **4**
Leavenheath. *Suff*. 3C **33**
Ledburn. *Buck*. 1A **36**
Lee Clump. *Buck* 3A **36**
Lee, The. *Buck*. 3A **36**
Leighton Bromswold.
  Cambs. 2C **21**
Leighton Buzzard. *Beds* .. 1A **36**
Leiston. *Suff*. 3D **27**
Lemsford. *Herts* 2D **37**
Lenton. *Linc* 2B **4**
Lenwade. *Norf*. 1D **17**
Lessingham. *Norf* 3C **11**
Letchmore Heath. *Herts*. . 3C **37**
Letchworth. *Herts* 3D **29**
Letheringham. *Suff*. 1B **34**
Letheringsett. *Norf* 2D **9**
Letty Green. *Herts* 2D **37**
Levens Green. *Herts* 1A **38**
Leverington. *Cambs*. 1B **14**
Leverton. *Linc* 1B **6**
Leverton Lucasgate. *Linc*. . 1B **6**
Leverton Outgate. *Linc* ... 1B **6**
Levington. *Suff*. 3B **34**
Ley Green. *Herts* 1C **37**
Ley Hill. *Buck* 3A **36**
Leziate. *Norf* 1D **15**
Lidgate. *Suff*. 1A **32**
Lidlington. *Beds* 3A **28**
Lilley. *Herts*. 1C **37**
Limbury. *Lutn*. 1B **36**
Limpenhoe. *Norf*. 2C **19**
Lindsell. *Essx* 1D **39**
Lindsey. *Suff*. 2C **33**
Lindsey Tye. *Suff*. 2C **33**
Ling, The. *Norf* 3C **19**
Lingwood. *Norf*. 2C **19**
Linslade. *Beds*. 1A **36**
Linstead Parva. *Suff*. 2C **27**
Linton. *Cambs*. 2C **31**
Liston. *Essx* 2B **32**
Litcham. *Norf*. 1B **16**
Litlington. *Cambs* 2A **30**
Little Abington. *Cambs*. ... 2C **31**
Little Addington. *Nptn* ... 2A **20**
Little Baddow. *Essx* 3A **40**
Little Bardfield. *Essx*. 3D **31**
Little Barford. *Beds* 1C **29**
Little Barningham. *Norf*. .. 2A **10**
Little Bealings. *Suff*. 2B **34**
Little Bentley. *Essx*. 1A **42**
Little Berkhamsted.
  Herts. 3D **37**
Little Billington. *Beds*. 1A **36**
Little Blakenham. *Suff*. ... 2A **34**
Little Bradley. *Suff*. 1D **31**
Little Brickhill. *Buck*. 3A **28**
Little Bromley. *Essx*. 1D **41**
Littlebury. *Essx*. 3C **31**
Littlebury Green. *Essx*. ... 3B **30**
Little Bytham. *Linc*. 1B **12**
Little Canfield. *Essx*. 1C **39**
Little Casterton. *Rut*. 2B **12**
Little Catworth. *Cambs* ... 2C **21**
Little Chalfont. *Buck* 3A **36**
Little Chesterford. *Essx*. .. 2C **31**
Little Chishill. *Cambs*. ... 3B **30**
Little Clacton. *Essx* 2A **42**
Little Cornard. *Suff*. 3B **32**
Little Crawley. *Mil*. 2A **28**
Little Cressingham.
  Norf 2B **16**
Little Ditton. *Cambs*. 1D **31**
Little Downham. *Cambs*. . 1C **23**
Little Dunham. *Norf*. 1B **16**
Little Dunmow. *Essx* 1D **39**
Little Easton. *Essx*. 1D **39**
Little Ellingham. *Norf*. 3D **17**
Little End. *Essx* 3C **39**
Little Eversden. *Cambs* .. 1A **30**
Little Fransham. *Norf*. 1C **17**
Little Gaddesden. *Herts*. . 2A **36**
Little Gidding. *Cambs* 1C **21**
Little Glemham. *Suff*. 1C **35**
Little Gransden. *Cambs*. . 1D **29**
Little Hadham. *Herts* 1B **38**
Little Hale. *Linc*. 1C **5**
Little Hallingbury. *Essx*. .. 2B **38**
Little Hampden. *Buck*. ... 3A **36**
Little Harrowden. *Nptn*. .. 2A **20**
Little Hautbois. *Norf* 3B **10**

East Anglia Regional Atlas 49

Little Horkesley—New England

Little Horkesley. *Essx* 3C **33**
Little Hormead. *Herts* 1B **38**
Little Irchester. *Nptn* 3A **20**
Little Kingshill. *Buck* 3A **36**
Little Laver. *Essx* 3C **39**
Little Leighs. *Essx* 2A **40**
Little Linford. *Mil* 2A **28**
Little London. *Linc* 3B **6**
  (nr. Long Sutton)
Little London. *Linc* 3D **5**
  (nr. Spalding)
Little London. *Norf* 2B **10**
  (nr. North Walsham)
Little London. *Norf* 3A **16**
  (nr. Northwold)
Little London. *Norf* 2A **10**
  (nr. Saxthorpe)
Little London. *Norf* 3D **15**
  (nr. Southery)
Little Maplestead. *Essx* ... 3B **32**
Little Massingham. *Norf* ... 3A **8**
Little Melton. *Norf* 2A **18**
Little Missenden. *Buck*. ... 3A **36**
Little Oakley. *Essx* 1B **42**
Little Oakley. *Nptn* 1A **20**
Little Ouse. *Norf* 1D **23**
Little Paxton. *Cambs* 3C **21**
Little Plumstead. *Norf* 1C **19**
Little Ponton. *Linc* 2A **4**
Littleport. *Cambs* 1C **23**
Little Raveley. *Cambs* 2D **21**
Little Ryburgh. *Norf*. 3C **9**
Little Sampford. *Essx* 3D **31**
Little Saxham. *Suff* 3A **24**
Little Shelford. *Cambs* 1B **30**
Little Snoring. *Norf* 2C **9**
Little Staughton. *Beds* ... 3C **21**
Little Stonham. *Suff*. 3A **26**
Little Street. *Cambs* 1C **23**
Little Stukeley. *Cambs* ... 2D **21**
Little Sutton. *Linc* 3B **6**
Little Tey. *Essx*. 1B **40**
Little Thetford. *Cambs* ... 2C **23**
Little Thurlow. *Suff* 1D **31**
Little Totham. *Essx* 2B **40**
Little Walden. *Essx* 2C **31**
Little Waldingfield. *Suff*. .. 2C **33**
Little Walsingham. *Norf*. .. 2C **9**
Little Waltham. *Essx* 2A **40**
Little Welnetham. *Suff*. ... 1B **32**
Little Wenham. *Suff*. 3D **33**
Little Whittingham Green.
  Suff. 2B **26**
Little Wilbraham.
  Cambs. 1C **31**
Little Wisbeach. *Linc* 2C **5**
Littleworth. *Beds* 2B **28**
Little Wratting. *Suff*. 2D **31**
Little Wymington. *Nptn* ... 3A **20**
Little Wymondley.
  Herts. 1D **37**
Little Yeldham. *Essx* 3A **32**
Littley Green. *Essx*. 2D **39**
Loddon. *Norf*. 3C **19**
Lode. *Cambs*. 3C **23**
Lolworth. *Cambs*. 3A **22**
London Colney. *Herts* ... 3C **37**
London Luton Airport.
  Beds. 1C **37**
London Stansted Airport.
  Essx 1C **39**
Londonthorpe. *Linc*. 2A **4**
Long Gardens. *Essx*. 3B **32**
Longham. *Norf* 1C **17**
Long Marston. *Herts* 2A **36**
Long Meadow. *Cambs* ... 3C **23**
Long Melford. *Suff* 2B **32**
Longstanton. *Cambs* ... 3A **22**
Longstowe. *Cambs* 1A **30**
Long Stratton. *Norf*. 3A **18**

Long Sutton. *Linc* 3B **6**
Longthorpe. *Pet*. 3C **13**
Long Thurlow. *Suff* 3D **25**
Loosegate. *Linc*. 3A **6**
Loughton. *Essx* 3B **38**
Lound. *Linc*. 1B **12**
Lound. *Suff*. 3D **19**
Loves Green. *Essx*. 3D **39**
Lower Benefield. *Nptn* ... 1A **20**
Lower Dean. *Beds* 3B **20**
Lower East Carleton.
  Norf 2A **18**
Lower End. *Nptn* 3A **20**
Lower Gravenhurst.
  Beds 3C **29**
Lower Green. *Essx*. 3B **30**
Lower Green. *Norf*. 2C **9**
Lower Holbrook. *Suff* ... 3A **34**
Lower Layham. *Suff* ... 2D **33**
Lower Nazeing. *Essx* ... 3A **38**
Lower Raydon. *Suff*. 3D **33**
Lower Shelton. *Beds* ... 2A **28**
Lower Stow Bedon.
  Norf 3C **17**
Lower Street. *Norf*. 2B **10**
Lower Sundon. *Beds* 1B **36**
Lower Thurlton. *Norf*. ... 3D **19**
Lowestoft. *Suff*. 3D **19**
Low Fulney. *Linc*. 3D **5**
Lowick. *Nptn*. 1A **20**
Low Street. *Norf*. 2D **17**
Luddington in the Brook.
  Nptn 1C **21**
Ludham. *Norf*. 1C **19**
Luffenhall. *Herts* 1D **37**
Lundy Green. *Norf*. 3B **18**
Luton. *Lutn*. 1B **36**
Luton (London) Airport.
  Beds 1C **37**
Lutton. *Linc*. 3B **6**
Lutton. *Nptn* 1C **21**
Lutton Gowts. *Linc* 3B **6**
Lyddington. *Rut*. 3A **12**
Lye Green. *Buck* 3A **36**
Lynch Green. *Norf*. 2A **18**
Lyndon. *Rut* 2A **12**
Lyng. *Norf*. 1D **17**
Lyngate. *Norf* 2B **10**
  (nr. North Walsham)
Lyngate. *Norf* 3C **11**
  (nr. Worstead)

M

Mackerye End. *Herts* 2C **37**
Madingley. *Cambs*. 3A **22**
Magdalen Laver. *Essx* ... 3C **39**
Magpie Green. *Suff*. 2D **25**
Maldon. *Essx*. 3B **40**
Mallows Green. *Essx*. ... 1B **38**
Manea. *Cambs* 1B **22**
Manningtree. *Essx*. 3A **34**
Manthorpe. *Linc* 1B **12**
  (nr. Bourne)
Manthorpe. *Linc* 2A **4**
  (nr. Grantham)
Manton. *Rut* 2A **12**
Manuden. *Essx* 1B **38**
March. *Cambs*. 3B **14**
Margaret Roding. *Essx* ... 2C **39**
Margaretting. *Essx* 3D **39**
Margaretting Tye. *Essx* ... 3D **39**
Marham. *Norf*. 2A **16**
Marholm. *Pet*. 2C **13**
Market Deeping. *Linc*. ... 1C **13**
Market Overton. *Rut* 1A **12**
Market Weston. *Suff* ... 2C **25**
Marks Tey. *Essx*. 1C **41**
Markyate. *Herts*. 2B **36**

Marlesford. *Suff* 1C **35**
Marlingford. *Norf*. 2A **18**
Marshalswick. *Herts* ... 3C **37**
Marsham. *Norf* 3A **10**
Marsh Side. *Norf*. 1A **8**
Marston. *Notts* 1A **4**
Marston Moretaine.
  Beds 2A **28**
Marsworth. *Buck*. 2A **36**
Martham. *Norf* 1D **19**
Martlesham. *Suff*. 2B **34**
Martlesham Heath. *Suff*. .. 2B **34**
Mashbury. *Essx*. 2D **39**
Matching. *Essx* 2C **39**
Matching Green. *Essx* ... 2C **39**
Matching Tye. *Essx* ... 2C **39**
Matlaske. *Norf*. 2A **10**
Mattishall. *Norf*. 1D **17**
Mattishall Burgh. *Norf*. ... 1D **17**
Maulden. *Beds* 3B **28**
Mautby. *Norf*. 1D **19**
Maxey. *Pet* 2C **13**
Mayland. *Essx*. 3C **41**
Maylandsea. *Essx* ... 3C **41**
Maypole Green. *Norf*. ... 3D **19**
Maypole Green. *Suff*. ... 1C **33**
Meesden. *Herts* 3B **30**
Meeting Green. *Suff*. 1A **32**
Melbourn. *Cambs* 2A **30**
Melchbourne. *Beds* ... 3B **20**
Meldreth. *Cambs*. ... 2A **30**
Mellis. *Suff*. 2D **25**
Melton. *Suff* 1B **34**
Melton Constable. *Norf* ... 2D **9**
Mendham. *Suff*. 1B **26**
Mendlesham. *Suff*. ... 3A **26**
Mendlesham Green.
  Suff. 3D **25**
Mentmore. *Buck* 2A **36**
Mepal. *Cambs*. 1B **22**
Meppershall. *Beds* ... 3C **29**
Merton. *Norf*. 3C **17**
Messing. *Essx*. 2B **40**
Metfield. *Suff*. 1B **26**
Methwold. *Norf*. 3A **16**
Methwold Hythe. *Norf* ... 3A **16**
Mettingham. *Suff*. 3C **19**
Metton. *Norf*. 2A **10**
Mickfield. *Suff*. 3A **26**
Micklefield Green. *Herts*. .. 3B **36**
Mickley Green. *Suff*. 1B **32**
Middle Harling. *Norf* ... 1C **25**
Middleton. *Essx*. 3B **32**
Middleton. *Norf*. 1D **15**
Middleton. *Nptn*. 3A **12**
Middleton. *Suff*. 3D **27**
Middlewood Green.
  Suff. 3D **25**
Milden. *Suff* 2C **33**
Mildenhall. *Suff*. 2A **24**
Mile End. *Cambs* 1D **23**
Mile End. *Essx*. 1C **41**
Mileham. *Norf*. 1C **17**
Millbrook. *Beds*. 3B **28**
Mill Common. *Suff* ... 1D **27**
Mill End. *Cambs* 1D **31**
Mill End. *Herts* 3A **30**
Millfield. *Pet* 3C **13**
Mill Green. *Norf*. 1A **26**
Mill Green. *Suff*. 2C **33**
Mill Greep. *Essx* 3D **39**
Millow. *Beds* 3D **29**
Mill Street. *Norf* 1D **17**
  (nr. Lyng)
Mill Street. *Norf* 1D **17**
  (nr. Swanton Morley)
Mill Street. *Suff* 2D **25**
Millthorpe. *Linc*. 2C **5**
Milton. *Cambs*. 3B **22**
Milton Bryan. *Beds* ... 3A **28**

Milton Ernest. *Beds* ..... 1B **2?**
Milton Keynes. *Mil*. .... 3A **2?**
Milton Keynes Village.
  Mil. .... 3A **2?**
Mistley. *Essx*. .... 3A **3?**
Mistley Heath. *Essx*. ... 3A **3?**
Moats Tye. *Suff*. ..... 1D **3?**
Mogerhanger. *Beds* ... 2C **2?**
Molehill Green. *Essx* ... 1C **3?**
Molesworth. *Cambs*. ... 2B **2?**
Monewden. *Suff*. ..... 1B **3?**
Monken Hadley. *G Lon* ... 3D **3?**
Monks Eleigh. *Suff* ... 2C **3?**
Monk Soham. *Suff* ... 3B **2?**
Monk Soham Green.
  Suff. 3B **26**
Monk Street. *Essx* 1D **39**
Morborne. *Cambs* 3C **13**
Morcott. *Rut* 2A **12**
Morely St Botolph. *Norf*. ... 3D **17**
Moreton. *Essx*. 3C **39**
Morningthorpe. *Norf* ... 3B **18**
Morris Green. *Essx* ... 3A **32**
Morston. *Norf*. 1D **9**
Morton. *Linc*. 3B **4**
Morton. *Norf*. 1A **18**
Moulsoe. *Mil*. 2A **28**
Moulton. *Linc* 3A **6**
Moulton. *Suff*. 3D **23**
Moulton Chapel. *Linc* ... 1D **13**
Moulton Eugate. *Linc* ... 1D **13**
Moulton Seas End. *Linc*. ... 3A **6**
Moulton St Mary. *Norf*. ... 2C **19**
Mount Bures. *Essx* ... 3C **33**
Mountnessing. *Essx*. ... 3D **39**
Mount Pleasant. *Norf*. ... 3C **17**
Much Hadham. *Herts*. ... 2B **38**
Muckleton. *Norf* 2B **8**
Mulbarton. *Norf*. 2A **18**
Mundesley. *Norf* 2C **11**
Mundford. *Norf*. 3B **16**
Mundham. *Norf*. 3C **19**
Mundon. *Essx*. 3B **40**
Murrow. *Cambs*. 2A **14**
Mutford. *Suff*. 1D **27**

N

Nacton. *Suff*. 2B **34**
Naphill. *Buck*. 3A **36**
Narborough. *Norf* ... 1A **16**
Nash Lee. *Buck* 3A **36**
Nassington. *Nptn*. ... 3B **12**
Nasty. *Herts* 1A **38**
Naughton. *Suff*. 2D **33**
Navestock Heath. *Essx*. ... 3C **39**
Navestock Side. *Essx*. ... 3C **39**
Nayland. *Suff*. 3C **33**
Nazeing. *Essx*. 3B **38**
Neatishead. *Norf* ... 3C **11**
Neaton. *Norf*. 2C **17**
Necton. *Norf*. 2B **16**
Nedging. *Suff* 2D **33**
Nedging Tye. *Suff* ... 2D **33**
Needham. *Norf* 1B **26**
Needham Market. *Suff*. ... 1D **33**
Needham Street. *Suff* ... 3A **24**
Needingworth. *Cambs* ... 2A **22**
Nene Terrace. *Linc*. 2D **13**
Nethergate. *Norf*. 3D **9**
Nether Street. *Essx* ... 2C **39**
Netledden. *Herts*. 2B **36**
Newark. *Pet* 2D **13**
Newborough. *Pet* ... 2D **13**
Newbourne. *Suff*. 2B **34**
New Buckenham. *Norf*. ... 3D **17**
New Costessey. *Norf*. ... 1A **18**
New England. *Essx* ... 2A **32**
New England. *Pet* ... 2C **13**

50 East Anglia Regional Atlas

Newgate—Ramsey Island

Newgate. *Norf*. 1D **9**
Newgate Street. *Herts* 3A **38**
New Greens. *Herts*. 3C **37**
New Hainford. *Norf* 1B **18**
New Holkham. *Norf*. 2B **8**
New Houghton. *Norf* 3A **8**
Newman's Green. *Suff* 2B **32**
Newmarket. *Suff* 3D **23**
New Mill. *Herts* 2A **36**
New Mistley. *Essx* 3A **34**
Newnham. *Cambs* 1B **30**
Newnham. *Herts* 3D **29**
Newport. *Essx* 3C **31**
Newport. *Norf*. 1D **19**
Newport Pagnell. *Mil*. 2A **28**
New Rackheath. *Norf*. 1B **18**
Newton. *Cambs*. 2B **30**
 (nr. Cambridge)
Newton. *Cambs*. 1B **14**
 (nr. Wisbech)
Newton. *Linc*. 2B **4**
Newton. *Norf*. 1B **16**
Newton. *Nptn* 1A **20**
Newton. *Suff*. 2C **33**
Newton Blossomville.
 Mil 1A **28**
Newton Bromswold.
 Nptn 3A **20**
Newton Flotman. *Norf*. . . . 3B **18**
Newton Longville. *Buck*. . . 3A **28**
Newton St Faith. *Norf* 1B **18**
Newtown. *Cambs* 3B **20**
New Town. *Lutn* 1B **36**
New Walsoken. *Cambs* . . . 2B **14**
New Wimpole. *Cambs* 2A **30**
New World. *Cambs* 3A **14**
Nine Ashes. *Essx*. 3C **39**
Nogdam End. *Norf*. 2C **19**
Nordelph. *Norf* 2C **15**
Norman Cross. *Cambs*. . . . 3C **13**
Normanton. *Linc* 1A **4**
North Acre. *Norf* 3C **17**
Northall. *Buck* 1A **36**
Northaw. *Herts* 3D **37**
North Barsham. *Norf*. 2C **9**
Northbeck. *Linc*. 1B **4**
Northborough. *Pet*. 2C **13**
North Brook End.
 Cambs 2D **29**
North Burlingham. *Norf*. . . 1C **19**
Northchurch. *Herts* 3A **36**
North Cove. *Suff*. 1D **27**
North Crawley. *Mil*. 2A **28**
North Creake. *Norf* 2B **8**
North Elmham. *Norf* 3C **9**
North End. *Essx* 2D **39**
 (nr. Great Dunmow)
North End. *Essx*. 3A **32**
 (nr. Great Yeldham)
North End. *Linc*. 1D **5**
North End. *Norf*. 3C **17**
North Fambridge. *Essx* . . . 3B **40**
Northgate. *Linc* 3C **5**
North Green. *Norf* 1B **26**
North Green. *Suff*. 3C **27**
 (nr. Framlingham)
North Green. *Suff*. 2C **27**
 (nr. Halesworth)
North Green. *Suff*. 3C **27**
 (nr. Saxmundham)
Northill. *Beds* 2C **29**
North Kyme. *Linc* 1C **5**
Northlands. *Linc* 1A **6**
North Lopham. *Norf* 1D **25**
North Luffenham. *Rut* 2A **12**
Northorpe. *Linc*. 1B **12**
 (nr. Bourne)
Northorpe. *Linc*. 2D **5**
 (nr. Donington)
North Pickenham. *Norf* . . . 2B **16**

North Rauceby. *Linc* 1B **4**
Northrepps. *Norf*. 2B **10**
North Runcton. *Norf* 1D **15**
North Tuddenham. *Norf*. . . 1D **17**
North Walsham. *Norf*. 2B **10**
North Weald Bassett.
 Essx 3C **39**
North Witham. *Linc* 3A **4**
Northwold. *Norf* 3A **16**
North Wootton. *Norf*. 3D **7**
Norton. *Herts* 3D **29**
Norton. *Suff*. 3C **25**
Norton Corner. *Norf*. 3D **9**
Norton Heath. *Essx* 3D **39**
Norton Little Green.
 Suff. 3C **25**
Norton Mandeville.
 Essx 3C **39**
Norton Subcourse.
 Norf 3D **19**
Norwich. *Norf* 2B **18**
Norwich Airport. *Norf* 1B **18**
Norwoodside. *Cambs* 3B **14**
Nounsley. *Essx* 2A **40**
Nuthampstead. *Herts*. 3B **30**

O

Oakham. *Rut*. 2A **12**
Oakington. *Cambs*. 3B **22**
Oakley. *Beds* 1B **28**
Oakley. *Suff*. 2A **26**
Oasby. *Linc*. 2B **4**
Obthorpe. *Linc* 1B **12**
Occold. *Suff* 2A **26**
Odell. *Beds* 1A **28**
Odsey. *Cambs*. 3D **29**
Offley Hoo. *Herts*. 1C **37**
Offord Cluny. *Cambs* 3D **21**
Offord D'Arcy. *Cambs* 3D **21**
Offton. *Suff*. 2D **33**
Old Buckenham. *Norf* 3D **17**
Oldeamere. *Cambs* 3A **14**
Old Felixstowe. *Suff*. 3C **35**
Old Fletton. *Pet* 3C **13**
Old Hall Street. *Norf* 2C **11**
Old Hunstanton. *Norf* 1D **7**
Old Hurst. *Cambs* 2D **21**
Old Knebworth. *Herts* 1D **37**
Old Leake. *Linc* 1B **6**
Old Newton. *Suff*. 3D **25**
Old Somerby. *Linc*. 2A **4**
Old Warden. *Beds* 2C **29**
Old Weston. *Cambs*. 2B **20**
Olmstead Green.
 Cambs 2D **31**
Olney. *Mil* 1A **28**
Onehouse. *Suff*. 1D **33**
Ongar Hill. *Norf*. 3C **7**
Onslow Green. *Essx* 2D **39**
Orford. *Suff*. 2D **35**
Orlingbury. *Nptn* 2A **20**
Ormesby St Margaret.
 Norf 1D **19**
Ormesby St Michael.
 Norf 1D **19**
Orton Longueville. *Pet*. . . . 3C **13**
Orton Waterville. *Pet*. 3C **13**
Orton Wistow. *Pet* 3C **13**
Orwell. *Cambs*. 1A **30**
Osbournby. *Linc* 2B **4**
Ostend. *Essx*. 3C **41**
Ostend. *Norf*. 2C **11**
Otley. *Suff*. 1B **34**
Oulton. *Norf* 3A **10**
Oulton. *Suff*. 3D **19**
Oulton Broad. *Suff*. 3D **19**
Oulton Street. *Norf*. 3A **10**
Oundle. *Nptn* 1B **20**

Ousden. *Suff*. 1A **32**
Outwell. *Norf*. 2C **15**
Over. *Cambs* 2A **22**
Over End. *Cambs*. 3B **12**
Overstrand. *Norf*. 1B **10**
Ovington. *Essx* 2A **32**
Ovington. *Norf*. 2C **17**
Oxborough. *Norf*. 2A **16**
Oxen End. *Essx* 1D **39**
Oxley Green. *Essx* 2C **41**
Oxlode. *Cambs* 1B **22**
Oxwick. *Norf* 3C **9**

P

Pakefield. *Suff*. 3D **19**
Pakenham. *Suff*. 3C **25**
Palgrave. *Suff* 2A **26**
Pampisford. *Cambs* 2B **30**
Panfield. *Essx* 1A **40**
Panxworth. *Norf* 1C **19**
Papworth Everard.
 Cambs 3D **21**
Papworth St Agnes.
 Cambs 3D **21**
Parham. *Suff* 3C **27**
Parkeston. *Essx*. 3B **34**
Park Street. *Herts* 3C **37**
Parsonage Green. *Essx* . . . 2A **40**
Parson Drove. *Cambs* 2A **14**
Passingford Bridge.
 Essx 3C **39**
Paston. *Norf* 2C **11**
Patchetts Green. *Herts*. . . . 3C **37**
Patmore Heath. *Herts* 1B **38**
Pattiswick. *Essx*. 1B **40**
Pavenham. *Beds* 1A **28**
Peak Hill. *Linc* 1D **13**
Peakirk. *Pet*. 2C **13**
Peaseland Green. *Norf*. . . . 1D **17**
Peasenhall. *Suff*. 3C **27**
Peats Corner. *Suff* 3A **26**
Pebmarsh. *Essx*. 3B **32**
Pegsdon. *Beds* 3C **29**
Peldon. *Essx*. 2C **41**
Pennygate. *Norf* 3C **11**
Penny Hill. *Linc*. 3A **6**
Pentlow. *Essx* 2B **32**
Pentney. *Norf* 1A **16**
Perry Green. *Essx* 1B **40**
Perry Green. *Herts*. 2B **38**
Pertenhall. *Beds* 3B **20**
Peterborough. *Pet* 3C **13**
Peter's Green. *Herts*. 2C **37**
Petsoe End. *Mil*. 2A **28**
Pettaugh. *Suff*. 1A **34**
Pettistree. *Suff* 1B **34**
Pettywell. *Norf* 3D **9**
Piccadilly Corner. *Norf*. . . . 1B **26**
Piccotts End. *Herts* 3B **36**
Pickworth. *Linc* 2B **4**
Pickworth. *Rut* 1A **12**
Pidley. *Cambs* 2A **22**
Pilgrims Hatch. *Essx* 3C **39**
Pilsgate. *Pet* 2B **12**
Pilson Green. *Norf*. 1C **19**
Pilton. *Nptn* 1B **20**
Pilton. *Rut*. 2A **12**
Pinchbeck. *Linc*. 3D **5**
Pinchbeck Bars. *Linc* 3C **5**
Pinchbeck West. *Linc* 3D **5**
Pinford End. *Suff*. 1B **32**
Pin Mill. *Suff*. 3B **34**
Pipewell. *Nptn* 1A **20**
Pirton. *Herts* 3C **29**
Pitstone. *Buck*. 2A **36**
Pitstone Green. *Buck* 2A **36**
Pixey Green. *Suff*. 2B **26**
Playford. *Suff* 2B **34**

Pledgdon Green. *Essx* 1C **39**
Pleshey. *Essx*. 2D **39**
Plumstead. *Norf* 2A **10**
Pode Hole. *Linc*. 3D **5**
Podington. *Beds* 3A **20**
Point Clear. *Essx*. 2D **41**
Pointon. *Linc*. 2C **5**
Polebrook. *Nptn* 1B **20**
Pollard Street. *Norf* 2C **11**
Polstead. *Suff*. 3C **33**
Polstead Heath. *Suff*. 2C **33**
Pondersbridge. *Cambs* . . . 3D **13**
Pond Street. *Essx* 3B **30**
Pool Street. *Essx*. 3A **32**
Poringland. *Norf* 2B **18**
Porter's Fen Corner.
 Norf 2C **15**
Poslingford. *Suff*. 2A **32**
Postwick. *Norf*. 2B **18**
Potsgrove. *Beds* 1A **36**
Potten End. *Herts* 3B **36**
Pottergate Street. *Norf*. . . . 3A **18**
Potter Heigham. *Norf* 1D **19**
Potters Bar. *Herts* 3D **37**
Potters Crouch. *Herts* 3C **37**
Potter Street. *Essx*. 3B **38**
Potthorpe. *Norf*. 3C **9**
Potton. *Beds*. 2D **29**
Pott Row. *Norf* 3A **8**
Poys Street. *Suff*. 2C **27**
Poystreet Green. *Suff*. 1C **33**
Preston. *Herts* 1C **37**
Preston. *Rut*. 2A **12**
Preston. *Suff*. 1C **33**
Prestwood. *Buck* 3A **36**
Prickwillow. *Cambs* 1C **23**
Primrose Green. *Norf* 1D **17**
Pristow Green. *Norf*. 1A **26**
Puckeridge. *Herts* 1A **38**
Puddledock. *Norf* 3D **17**
Pulham Market. *Norf*. 1A **26**
Pulham St Mary. *Norf* 1B **26**
Pulloxhill. *Beds* 3B **28**
Purleigh. *Essx* 3B **40**
Purl's Bridge. *Cambs* 1B **22**
Puttenham. *Herts* 2A **36**
Puttock End. *Essx* 2B **32**
Puttock's End. *Essx*. 2C **39**
Pye Corner. *Herts* 2B **38**
Pymore. *Cambs*. 1B **22**
Pytchley. *Nptn* 2A **20**

Q

Quadring. *Linc* 2D **5**
Quadring Eaudike. *Linc* . . . 2D **5**
Quarrington. *Linc* 1B **4**
Queen Adelaide. *Cambs* . . 1C **23**
Quendon. *Essx* 3C **31**
Quidenham. *Norf* 1D **25**

R

Rableyheath. *Herts* 2D **37**
Rackheath. *Norf* 1B **18**
Radlett. *Herts* 3C **37**
Radwell. *Beds* 1B **28**
Radwell. *Herts*. 3D **29**
Radwinter. *Essx*. 3D **31**
Rampton. *Cambs*. 3B **22**
Ramsden Heath. *Essx* 3A **40**
Ramsey. *Cambs* 1D **21**
Ramsey. *Essx* 3B **34**
Ramsey Forty Foot.
 Cambs. 1A **22**
Ramsey Heights.
 Cambs 1D **21**
Ramsey Island. *Essx* 3C **41**

East Anglia Regional Atlas 51

Ramsey Mereside—Southgate

Ramsey Mereside. *Cambs* 1D **21**
Ramsey St Mary's. *Cambs* 1D **21**
Rank's Green. *Essx* 2A **40**
Ranworth. *Norf* 1C **19**
Rattlesden. *Suff* 1C **33**
Raunds. *Nptn* 2A **20**
Raveningham. *Norf* 3C **19**
Ravensden. *Beds* 1B **28**
Ravenstone. *Mil* 1A **28**
Raydon. *Suff* 3D **33**
Rayne. *Essx* 1A **40**
Reach. *Cambs* 3C **23**
Reading Green. *Suff* 2A **26**
Redbourn. *Herts* 2C **37**
Rede. *Suff* 1B **32**
Redenhall. *Norf* 1B **26**
Redgrave. *Suff* 2D **25**
Redhill. *Herts* 3D **29**
Redisham. *Suff* 1D **27**
Redlingfield. *Suff* 2A **26**
Red Lodge. *Suff* 2D **23**
Reed. *Herts* 3A **30**
Reed End. *Herts* 3A **30**
Reedham. *Norf* 2D **19**
Reepham. *Norf* 3D **9**
Rendham. *Suff* 3C **27**
Renhold. *Beds* 1B **28**
Repps. *Norf* 1D **19**
Rettendon. *Essx* 3A **40**
Reydon. *Suff* 2D **27**
Reymerston. *Norf* 2D **17**
Rickinghall Superior. *Suff* 2D **25**
Rickling. *Essx* 3B **30**
Rickling Green. *Essx* 1C **39**
Ridge. *Herts* 3D **37**
Ridgewell. *Essx* 2A **32**
Ridgmont. *Beds* 3A **28**
Ridlington. *Norf* 2C **11**
Ridlington. *Rut* 2A **12**
Ringland. *Norf* 1A **18**
Ring's End. *Cambs* 2A **14**
Ringsfield. *Suff* 1D **27**
Ringsfield Corner. *Suff* . . 1D **27**
Ringshall. *Buck* 2A **36**
Ringshall. *Suff* 1D **33**
Ringshall Stocks. *Suff* 1D **33**
Ringstead. *Norf* 1A **8**
Ringstead. *Nptn* 2A **20**
Rippingale. *Linc* 3B **4**
Risby. *Suff* 3A **24**
Risegate. *Linc* 3D **5**
Riseley. *Beds* 3B **20**
Rishangles. *Suff* 3A **26**
Rivenhall. *Essx* 2B **40**
Rivenhall End. *Essx* 2B **40**
River Bank. *Cambs* 3C **23**
Road Green. *Norf* 3B **18**
Robinhood End. *Essx* 3A **32**
Rockingham. *Nptn* 3A **12**
Rockland All Saints. *Norf* 3C **17**
Rockland St Mary. *Norf* . . 2C **19**
Rockland St Peter. *Norf* .. 3C **17**
Roe Green. *Herts* 3A **30**
Rogue's Alley. *Cambs* ... 2A **14**
Rollesby. *Norf* 1D **19**
Rooksey Green. *Suff* 1C **33**
Rootham's Green. *Beds* 1C **29**
Ropsley. *Linc* 2A **4**
Rose Green. *Essx* 1B **40**
Rose Green. *Suff* 2C **33**
Rotten End. *Suff* 3C **27**
Rotten Row. *Norf* 1D **17**
Rougham. *Norf* 3B **8**
Rougham. *Suff* 3C **25**
Roughton. *Norf* 2B **10**

Roundbush Green. *Essx* 2C **39**
Row Green. *Essx* 1A **40**
Row Heath. *Essx* 2A **42**
Rowhedge. *Essx* 1D **41**
Rowsham. *Buck* 2A **36**
Roxton. *Beds* 1C **29**
Roxwell. *Essx* 3D **39**
Roydon. *Essx* 2B **38**
Roydon. *Norf* 1D **25**
(nr. Diss)
Roydon. *Norf* 3A **8**
(nr. King's Lynn)
Roydon Hamlet. *Essx* ... 3B **38**
Royston. *Herts* 2A **30**
Rucklers Lane. *Herts* 3B **36**
Rudley Green. *Essx* 3B **40**
Rumburgh. *Suff* 1C **27**
Runcton Holme. *Norf* ... 2D **15**
Runhall. *Norf* 2D **17**
Runham. *Norf* 1D **19**
Rushall. *Norf* 1A **26**
Rushbrooke. *Suff* 3B **24**
Rushden. *Herts* 3A **30**
Rushden. *Nptn* 3A **20**
Rushford. *Suff* 1C **25**
Rush Green. *Herts* 1D **37**
Rushmere. *Suff* 1D **27**
Rushmere St Andrew. *Suff* 2A **34**
Rushton. *Nptn* 1A **20**
Ruskington. *Linc* 1B **4**
Russel's Green. *Suff* 2B **26**
Ryhall. *Rut* 1B **12**

S

Sacombe. *Herts* 2A **38**
Saddle Bow. *Norf* 1D **15**
Saffron Walden. *Essx* ... 3C **31**
Saham Hills. *Norf* 2C **17**
Saham Toney. *Norf* 2B **16**
St Albans. *Herts* 3C **37**
St Cross South Elmham. *Suff* 1B **26**
St Ippollitts. *Herts* 1C **37**
St Ives. *Cambs* 2A **22**
St James South Elmham. *Suff* 1C **27**
St John's Fen End. *Norf* 1C **15**
St Lawrence. *Essx* 3C **41**
St Leonards. *Buck* 3A **36**
St Margaret's. *Herts* 2B **36**
(nr. Hemel Hempstead)
St Margarets. *Herts* 2A **38**
(nr. Hoddesdon)
St Margaret South Elmham. *Suff* 1C **27**
St Michael South Elmham. *Suff* 1C **27**
St Neots. *Cambs* 3C **21**
St Nicholas South Elmham. *Suff* 1C **27**
St Olaves. *Norf* 3D **19**
St Osyth. *Essx* 2A **42**
St Osyth Heath. *Essx* ... 2A **42**
St Paul's Walden. *Herts* .. 1C **37**
Salcott. *Essx* 2C **41**
Salford. *Beds* 3A **28**
Salhouse. *Norf* 1C **19**
Salle. *Norf* 3A **10**
Salph End. *Beds* 1B **28**
Saltby. *Leics* 3A **4**
Salters Lode. *Norf* 2C **15**
Salthouse. *Norf* 1D **9**
Sandhill. *Cambs* 1C **23**
Sandholme. *Linc* 2A **6**
Sandon. *Essx* 3A **40**

Sandon. *Herts* 3A **30**
Sandridge. *Herts* 2C **37**
Sandringham. *Norf* 3D **7**
Sandy. *Beds* 2C **29**
Santon Downham. *Suff* . . 1B **24**
Sapiston. *Suff* 2C **25**
Sapley. *Cambs* 2D **21**
Sapperton. *Linc* 2B **4**
Saracen's Head. *Linc* ... 3A **6**
Sarratt. *Herts* 3B **36**
Sawbridgeworth. *Herts* . . 2B **38**
Sawston. *Cambs* 2B **30**
Sawtry. *Cambs* 1C **21**
Saxham Street. *Suff* 3D **25**
Saxlingham. *Norf* 2D **9**
Saxlingham Green. *Norf* . . 3B **18**
Saxlingham Nethergate. *Norf* 3B **18**
Saxlingham Thorpe. *Norf* 3B **18**
Saxmundham. *Suff* 3C **27**
Saxon Street. *Cambs* ... 1D **31**
Saxtead. *Suff* 3B **26**
Saxtead Green. *Suff* 3B **26**
Saxthorpe. *Norf* 2A **10**
Scarning. *Norf* 1C **17**
School Green. *Essx* 3A **32**
Scole. *Norf* 2A **26**
Sco Ruston. *Norf* 3B **10**
Scottlethorpe. *Linc* 3B **4**
Scottow. *Norf* 3B **10**
Scoulton. *Norf* 2C **17**
Scrane End. *Linc* 1A **6**
Scratby. *Norf* 1D **19**
Scredington. *Linc* 1B **4**
Sculthorpe. *Norf* 2B **8**
Seadyke. *Linc* 2A **6**
Sea Palling. *Norf* 3D **11**
Seaton. *Rut* 3A **12**
Seawick. *Essx* 2A **42**
Sedgebrook. *Linc* 2A **4**
Sedgeford. *Norf* 2A **8**
Seething. *Norf* 3C **19**
Semer. *Suff* 2D **33**
Setchey. *Norf* 1D **15**
Sewards End. *Essx* 3C **31**
Sewardstone. *Essx* 3A **38**
Sewell. *Beds* 1A **36**
Sewstern. *Leics* 3A **4**
Shadingfield. *Suff* 1D **27**
Shadwell. *Norf* 1C **25**
Shalford. *Essx* 1A **40**
Shalford Green. *Essx* ... 1A **40**
Sharnbrook. *Beds* 1A **28**
Sharpenhoe. *Beds* 3B **28**
Sharp Street. *Norf* 3C **11**
Sharrington. *Norf* 2D **9**
Sheering. *Essx* 2C **39**
Shefford. *Beds* 3C **29**
Shelfanger. *Norf* 1A **26**
Shelley. *Suff* 3D **33**
Shellow Bowells. *Essx* ... 3D **39**
Shelton. *Beds* 3B **20**
Shelton. *Norf* 3B **18**
Shelton Green. *Norf* 3B **18**
Shenley. *Herts* 3C **37**
Shenleybury. *Herts* 3C **37**
Shepeau Stow. *Linc* 1A **14**
Shephall. *Herts* 1D **37**
Shepherds Gate. *Norf* ... 1C **15**
Shepherd's Port. *Norf* ... 2D **7**
Shepreth. *Cambs* 2A **30**
Shereford. *Norf* 3B **8**
Sheringham. *Norf* 1A **10**
Sherington. *Mil* 2A **28**
Shernborne. *Norf* 2A **8**
Shillington. *Beds* 3C **29**
Shimpling. *Norf* 1A **26**
Shimpling. *Suff* 1B **32**
Shimpling Street. *Suff* ... 1B **32**

Shingay. *Cambs* 2A **3**
Shingham. *Norf* 2A **1**
Shingle Street. *Suff* 2C **3**
Shipdham. *Norf* 2C **1**
Shipmeadow. *Suff* 3C **1**
Shop Street. *Suff* 3B **2**
Short Green. *Norf* 1D **2**
Shortstown. *Beds* 2B **2**
Shotesham. *Norf* 3B **1**
Shotley. *Norf* 3B **3**
Shotley Gate. *Suff* 3B **3**
Shottisham. *Suff* 2C **3**
Shouldham. *Norf* 2D **1**
Shouldham Thorpe. *Norf* 2D **1**
Shropham. *Norf* 3C **1**
Shrub End. *Essx* 1C **4**
Shudy Camps. *Cambs* .. 2D **3**
Sible Hedingham. *Essx* .. 3A **3**
Sibsey. *Linc* 1A **6**
Sibsey Fen Side. *Linc* ... 1A **6**
Sibson. *Cambs* 3B **1**
Sibton. *Suff* 3C **2**
Sicklesmere. *Suff* 3B **2**
Sidestrand. *Norf* 2B **1**
Silfield. *Norf* 3A **1**
Silk Willoughby. *Linc* 1B **4**
Silsoe. *Beds* 3B **2**
Silver End. *Essx* 2B **40**
Silvergate. *Norf* 3A **1**
Silverley's Green. *Suff* ... 2B **2**
Six Mile Bottom. *Cambs* 1C **31**
Sizewell. *Suff* 3D **27**
Skeldyke. *Linc* 2A **6**
Skeyton. *Norf* 3B **10**
Skeyton Corner. *Norf* ... 3B **10**
Skillington. *Linc* 3A **4**
Skirbeck. *Linc* 1A **6**
Skirbeck Quarter. *Linc* .. 1A **6**
Skye Green. *Essx* 1B **40**
Slade Field. *Cambs* 1A **22**
Slapton. *Buck* 1A **36**
Sleaford. *Linc* 1B **4**
Slip End. *Herts* 2B **36**
Slipton. *Nptn* 2A **20**
Sloley. *Norf* 3B **10**
Smallburgh. *Norf* 3C **11**
Smallworth. *Norf* 1D **25**
Smeeth, The. *Norf* 1C **15**
Smith's Green. *Essx* 1C **39**
Smithwood Green. *Suff* .. 1C **33**
Smyth's Green. *Essx* ... 2C **41**
Snailwell. *Cambs* 3D **23**
Snape. *Suff* 1C **35**
Snetterton. *Norf* 3C **17**
Snettisham. *Norf* 2D **7**
Snow Street. *Norf* 1D **25**
Soham. *Cambs* 2C **23**
Soham Cotes. *Cambs* ... 2C **23**
Somerleyton. *Suff* 3D **19**
Somersham. *Cambs* 2A **22**
Somersham. *Suff* 2D **33**
Somerton. *Suff* 1B **32**
Sotterley. *Suff* 1D **27**
Soulbury. *Buck* 1A **36**
Souldrop. *Beds* 3A **20**
South Acre. *Norf* 1B **16**
Southburgh. *Norf* 2C **17**
South Burlingham. *Norf* . . 2C **19**
South Cove. *Suff* 1D **27**
South Creake. *Norf* 2B **8**
Southery. *Norf* 3D **15**
Southey Green. *Essx* ... 3A **32**
Southgate. *Norf* 3A **10**
(nr. Aylsham)
Southgate. *Norf* 2D **7**
(nr. Dersingham)
Southgate. *Norf* 2B **8**
(nr. Fakenham)

52 East Anglia Regional Atlas

South Green—Thorpe Marriott

South Green. *Essx*.	2D 41
South Hanningfield. *Essx*	3A 40
South Heath. *Buck*.	3A 36
South Heath. *Essx*.	2A 42
Southill. *Beds*	2C 29
South Kyme. *Linc*	1C 5
South Lopham. *Norf*	1D 25
South Luffenham. *Rut*	2A 12
South Mimms. *Herts*	3D 37
Southminster. *Essx*	3C 41
Southoe. *Cambs*	3C 21
Southolt. *Suff*	3A 26
Southorpe. *Pet*	2B 12
South Pickenham. *Norf*	2B 16
South Rauceby. *Linc*	1B 4
South Raynham. *Norf*	3B 8
Southrepps. *Norf*.	2B 10
South Runcton. *Norf*	2D 15
Southtown. *Norf*	2D 19
South Walsham. *Norf*	1C 19
Southwick. *Nptn*	3B 12
South Witham. *Linc*.	1A 12
Southwold. *Suff*	2D 27
Southwood. *Norf*.	2C 19
South Woodham Ferrers. *Essx*	3B 40
South Wootton. *Norf*	3D 7
Sowley Green. *Suff*	1A 32
Spa Common. *Norf*	2B 10
Spalding. *Linc*	3D 5
Spaldwick. *Cambs*	2C 21
Spanby. *Linc*	2B 4
Sparham. *Norf*	1D 17
Sparhamhill. *Norf*	1D 17
Sparrow Green. *Norf*	1C 17
Speen. *Buck*	3A 36
Spellbrook. *Herts*.	2B 38
Spexhall. *Suff*	1C 27
Spixworth. *Norf*.	1B 18
Spooner Row. *Norf*	3D 17
Sporle. *Norf*	1B 16
Sproughton. *Suff*.	2A 34
Sprowston. *Norf*	1B 18
Sproxton. *Leics*.	3A 4
Stacksford. *Norf*	3D 17
Stagden Cross. *Essx*	2D 39
Stagsden. *Beds*	2A 28
Stainby. *Linc*	3A 4
Stainfield. *Linc*	3B 4
Stalham. *Norf*.	3C 11
Stalham Green. *Norf*	3C 11
Stambourne. *Essx*	3A 32
Stamford. *Linc*	2B 12
Stanborough. *Herts*.	2D 37
Stanbridge. *Beds*	1A 36
Standon. *Herts*	1A 38
Standon Green End. *Herts*.	2A 38
Standwell Green. *Suff*	2A 26
Stanfield. *Norf*.	3C 9
Stanford. *Beds*	2C 29
Stanford Rivers. *Essx*	3C 39
Stanground. *Pet*	3D 13
Stanhoe. *Norf*	2B 8
Stanion. *Nptn*	1A 20
Stanningfield. *Suff*.	1B 32
Stansfield. *Suff*	1A 32
Stanstead. *Suff*	2B 32
Stanstead Abbotts. *Herts*.	2A 38
Stansted (London) Airport. *Essx*	1C 39
Stansted Mountfitchet. *Essx*.	1C 39
Stanton. *Suff*.	2C 25
Stanton Chare. *Suff*.	2C 25
Stanton Street. *Suff*.	3C 25
Stanway. *Essx*.	1C 41
Stanwick. *Nptn*	2A 20

Stapleford. *Cambs*	1B 30
Stapleford. *Herts*	2A 38
Stapleford Tawney. *Essx*	3C 39
Staploe. *Beds*	3C 21
Starling's Green. *Essx*	3B 30
Starston. *Norf*	1B 26
Start Hill. *Essx*.	1C 39
Staughton Green. *Cambs*.	3C 21
Staughton Highway. *Cambs*.	3C 21
Stebbing. *Essx*	1D 39
Stebbing Green. *Essx*	1D 39
Steeple. *Essx*.	3C 41
Steeple Bumpstead. *Essx*	2D 31
Steeple Gidding. *Cambs*.	1C 21
Steeple Morden. *Cambs*	2D 29
Steppingley. *Beds*	3B 28
Sternfield. *Suff*	3C 27
Stetchworth. *Cambs*	1D 31
Stevenage. *Herts*	1D 37
Stevington. *Beds*	1A 28
Stevington End. *Cambs*	2C 31
Stewartby. *Beds*.	2B 28
Stewkley. *Buck*	1A 36
Stibbard. *Norf*	3C 9
Stibbington. *Pet*.	3B 12
Stickling Green. *Essx*	3B 30
Stiffkey. *Norf*.	1C 9
Stilton. *Cambs*.	1C 21
Stisted. *Essx*	1A 40
Stock. *Essx*	3D 39
Stockerston. *Leics*	3A 12
Stocking Green. *Essx*.	3C 31
Stocking Pelham. *Herts*	1B 38
Stockstreet. *Essx*.	1B 40
Stockton. *Norf*.	3C 19
Stody. *Norf*.	2D 9
Stoke Ash. *Suff*	2A 26
Stoke by Clare. *Suff*.	2A 32
Stoke-by-Nayland. *Suff*	3C 33
Stoke Doyle. *Nptn*	1B 20
Stoke Dry. *Rut*	3A 12
Stoke Ferry. *Norf*.	3A 16
Stoke Goldington. *Mil*	2A 28
Stoke Hammond. *Buck*	1A 36
Stoke Holy Cross. *Norf*	2B 18
Stoke Rochford. *Linc*.	3A 4
Stokesby. *Norf*.	1D 19
Stondon Massey. *Essx*.	3C 39
Stonea. *Cambs*	3B 14
Stone Bridge Corner. *Pet*	2D 13
Stonely. *Cambs*.	3C 21
Stones Green. *Essx*	1A 42
Stone Street. *Suff*	3C 33 (nr. Boxford)
Stone Street. *Suff*	1C 27 (nr. Halesworth)
Stoneyhills. *Essx*.	3C 41
Stonham Aspal. *Suff*	1A 34
Stopsley. *Lutn*	1C 37
Stotfold. *Beds*	3D 29
Stoven. *Suff*	1D 27
Stow. *Linc*.	2B 4
Stow Bardolph. *Norf*	2D 15
Stow Bedon. *Norf*	3C 17
Stowbridge. *Norf*.	2D 15
Stow cum Quy. *Cambs*	3C 23
Stowlangtoft. *Suff*	3C 25
Stow Longa. *Cambs*	2C 21
Stow Maries. *Essx*.	3B 40
Stowmarket. *Suff*	1D 33
Stowupland. *Suff*	1D 33
Stradbroke. *Suff*	2B 26
Stradishall. *Suff*.	1A 32
Stradsett. *Norf*	2D 15

Stragglethorpe. *Linc*	1A 4
Stratford St Andrew. *Suff*.	3C 27
Stratford St Mary. *Suff*.	3D 33
Stratton St Michael. *Norf*	3B 18
Stratton Strawless. *Norf*	3B 10
Streatley. *Beds*	1B 36
Streetly End. *Cambs*	2D 31
Strethall. *Essx*.	3B 30
Stretham. *Cambs*.	2C 23
Stretton. *Rut*.	1A 12
Strixton. *Nptn*	3A 20
Stroxton. *Linc*.	2A 4
Strugg's Hill. *Linc*	2D 5
Strumpshaw. *Norf*.	2C 19
Stubbs Green. *Norf*.	3C 19
Stubton. *Linc*	1A 4
Studham. *Beds*	2B 36
Stuntney. *Cambs*.	2C 23
Sturmer. *Essx*	2D 31
Stuston. *Suff*.	2A 26
Stutton. *Suff*	3A 34
Sudborough. *Nptn*.	1A 20
Sudbourne. *Suff*	1D 35
Sudbrook. *Linc*	1A 4
Sudbury. *Suff*.	2B 32
Suffield. *Norf*.	2B 10
Summerfield. *Norf*.	2A 8
Sundon Park. *Lutn*.	1B 36
Surfleet. *Linc*	3D 5
Surfleet Seas End. *Linc*	3D 5
Surlingham. *Norf*.	2C 19
Surrex. *Essx*	1B 40
Sustead. *Norf*	2A 10
Suton. *Norf*.	3D 17
Sutterton. *Linc*	2D 5
Sutterton Dowdyke. *Linc*	2D 5
Sutton. *Beds*	2D 29
Sutton. *Cambs*	2B 22
Sutton. *Norf*	3C 11
Sutton. *Pet*	3B 12
Sutton. *Suff*.	2C 35
Sutton Bridge. *Linc*	3B 6
Sutton Corner. *Linc*	3B 6
Sutton Crosses. *Linc*.	3B 6
Sutton Gault. *Cambs*	2B 22
Sutton St Edmund. *Linc*.	1A 14
Sutton St Edmund's Common. *Linc*	2A 14
Sutton St James. *Linc*	1A 14
Swaffham. *Norf*.	2B 16
Swaffham Bulbeck. *Cambs*.	3C 23
Swaffham Prior. *Cambs*.	3C 23
Swafield. *Norf*.	2B 10
Swainsthorpe. *Norf*	2B 18
Swannington. *Norf*	1A 18
Swan Street. *Essx*	1B 40
Swanton Abbot. *Norf*.	3B 10
Swanton Morley. *Norf*.	1D 17
Swanton Novers. *Norf*.	2D 9
Swarby. *Linc*	1B 4
Swardeston. *Norf*	2B 18
Swaton. *Linc*	2C 5
Swavesey. *Cambs*	3A 22
Swayfield. *Linc*	3A 4
Swefling. *Suff*	3C 27
Swilland. *Suff*	1A 34
Swineshead. *Beds*	3B 20
Swineshead. *Linc*	1D 5
Swineshead Bridge. *Linc*	1D 5
Swingbrow. *Cambs*	1A 22
Swingleton Green. *Suff*	2C 33
Swinstead. *Linc*	3B 4
Syderstone. *Norf*.	2B 8

Syleham. *Suff*	2B 26
Syston. *Linc*	1A 4

T

Tacolneston. *Norf*	3A 18
Tadlow. *Cambs*	2D 29
Takeley. *Essx*.	1C 39
Takeley Street. *Essx*.	1C 39
Tallington. *Linc*	2B 12
Tamworth Green. *Linc*	1A 6
Tannington. *Suff*	3B 26
Tan Office Green. *Suff*	1A 32
Tansor. *Nptn*	3B 12
Tasburgh. *Norf*	3B 18
Tatterford. *Norf*.	3B 8
Tattersett. *Norf*	2B 8
Tattingstone. *Suff*	3A 34
Tattingstone White Horse. *Suff*.	3A 34
Taverham. *Norf*	1A 18
Taverners Green. *Essx*.	2C 39
Tebworth. *Beds*	1A 36
Teigh. *Rut*	1A 12
Tempsford. *Beds*	1C 29
Tendring. *Essx*.	1A 42
Tendring Green. *Essx*.	1A 42
Ten Mile Bank. *Norf*.	3D 15
Terling. *Essx*	2A 40
Terrick. *Buck*	3A 36
Terrington St Clement. *Norf*	3C 7
Terrington St John. *Norf*	1C 15
Teversham. *Cambs*	1B 30
Tewin. *Herts*	2D 37
Tharston. *Norf*.	3A 18
Thaxted. *Essx*	3D 31
Theberton. *Suff*.	3D 27
Thelnetham. *Suff*.	2D 25
Thelveton. *Norf*.	1A 26
Themelthorpe. *Norf*.	3D 9
Therfield. *Herts*	3A 30
Thetford. *Linc*	1C 13
Thetford. *Norf*.	1B 24
Theydon Bois. *Essx*.	3B 38
Thistleton. *Rut*.	1A 12
Thistley Green. *Suff*.	2D 23
Tholomas Drove. *Cambs*	2B 14
Thompson. *Norf*.	3C 17
Thorington. *Suff*.	2D 27
Thorington Street. *Suff*	3D 33
Thorley. *Herts*	2B 38
Thorley Street. *Herts*	2B 38
Thornage. *Norf*	2D 9
Thorncote Green. *Beds*	2C 29
Thorndon. *Suff*	3A 26
Thorney. *Pet*	2D 13
Thorney Toll. *Cambs*	2A 14
Thornham. *Norf*.	1A 8
Thornham Magna. *Suff*.	2A 26
Thornham Parva. *Suff*.	2A 26
Thornhaugh. *Pet*	2B 12
Thorns. *Suff*	1A 32
Thornwood Common. *Essx*	3B 38
Thorpe. *Norf*.	3D 19
Thorpe Abbotts. *Norf*.	2A 26
Thorpe by Water. *Rut*.	3A 12
Thorpe Common. *Suff*.	3B 34
Thorpe End. *Norf*.	1B 18
Thorpe Green. *Essx*.	1A 42
Thorpe Green. *Suff*.	1C 33
Thorpe Hamlet. *Norf*	2B 18
Thorpe Latimer. *Linc*.	1C 5
Thorpe-le-Soken. *Essx*.	1A 42
Thorpe Market. *Norf*.	2B 10
Thorpe Marriott. *Norf*	1A 18

East Anglia Regional Atlas 53

Thorpe Morieux—West Mersea

Thorpe Morieux. *Suff.*	1C 33
Thorpeness. *Suff.*	3D 27
Thorpe Waterville. *Nptn*	1B 20
Thorpland. *Norf.*	2D 15
Thorrington. *Essx*	1D 41
Thrandeston. *Suff.*	2A 26
Thrapston. *Nptn*	2A 20
Three Holes. *Norf*	2C 15
Threekingham. *Linc.*	2B 4
Thrigby. *Norf.*	1D 19
Thriplow. *Cambs.*	2B 30
Throckenholt. *Linc.*	2A 14
Throcking. *Herts.*	3A 30
Thundridge. *Herts.*	2A 38
Thurgarton. *Norf.*	2A 10
Thurlby. *Linc.*	1C 13
Thurleigh. *Beds.*	1B 28
Thurlton. *Norf.*	3D 19
Thurne. *Norf.*	1D 19
Thurning. *Norf.*	3D 9
Thurning. *Nptn*	1B 20
Thursford. *Norf.*	2C 9
Thursford Green. *Norf.*	2C 9
Thurston. *Suff.*	3C 25
Thurston End. *Suff.*	1A 32
Thurton. *Norf*	2C 19
Thuxton. *Norf.*	2D 17
Thwaite. *Suff.*	3A 26
Thwaite St Mary. *Norf.*	3C 19
Tibenham. *Norf.*	1A 26
Tickencote. *Rut.*	2A 12
Tilbrook. *Cambs.*	3B 20
Tilbury Green. *Essx.*	2A 32
Tilbury Juxta Clare. *Essx*	2A 32
Tillingham. *Essx*	3C 41
Tilney All Saints. *Norf*	1C 15
Tilney Fen Side. *Norf.*	1C 15
Tilney High End. *Norf*	1C 15
Tilney St Lawrence. *Norf*	1C 15
Tilsworth. *Beds.*	1A 36
Timworth Green. *Suff.*	3B 24
Tingrith. *Beds.*	3B 28
Tinwell. *Rut.*	2B 12
Tips End. *Cambs.*	3C 15
Tiptree. *Essx.*	2B 40
Tiptree Heath. *Essx.*	2B 40
Titchmarsh. *Nptn.*	2B 20
Titchwell. *Norf.*	1A 8
Tittleshall. *Norf*	3B 8
Tivetshall St Margaret. *Norf*	1A 26
Tivetshall St Mary. *Norf*	1A 26
Tixover. *Rut.*	2A 12
Toddington. *Beds*	1B 36
Toft. *Cambs.*	1A 30
Toft. *Linc.*	1B 12
Toft Monks. *Norf.*	3D 19
Toftrees. *Norf.*	3B 8
Toftwood. *Norf.*	1C 17
Tollesbury. *Essx.*	2C 41
Tolleshunt D'Arcy. *Essx*	2C 41
Tolleshunt Knights. *Essx*	2C 41
Tolleshunt Major. *Essx.*	2C 41
Tonwell. *Herts.*	2A 38
Toot Hill. *Essx.*	3C 39
Topcroft. *Norf.*	3B 18
Topcroft Street. *Norf.*	3B 18
Toppesfield. *Essx.*	3A 32
Toprow. *Norf.*	3A 18
Toseland. *Cambs.*	3D 21
Tostock. *Suff.*	3C 25
Tottenhill. *Norf.*	1D 15
Tottenhill Row. *Norf.*	1D 15
Totternhoe. *Beds.*	1A 36
Tower End. *Norf*	1D 15
Town End. *Cambs.*	3B 14
Towngate. *Linc.*	1C 13
Townsend. *Herts.*	3C 37
Town Street. *Suff.*	1A 24
Trimingham. *Norf.*	2B 10
Trimley Lower Street. *Suff.*	3B 34
Trimley St Martin. *Suff.*	3B 34
Trimley St Mary. *Suff.*	3B 34
Tring. *Herts.*	2A 36
Troston. *Suff.*	2B 24
Trowley Bottom. *Herts.*	2B 36
Trowse Newton. *Norf.*	2B 18
Trumpington. *Cambs.*	1B 30
Trunch. *Norf*	2B 10
Tuddenham. *Suff.*	2A 34
(nr. Ipswich)	
Tuddenham. *Suff.*	2A 24
(nr. Mildenhall)	
Tumbler's Green. *Essx*	1B 40
Tungate. *Norf.*	3B 10
Tunstall. *Norf*	2D 19
Tunstall. *Suff.*	1C 35
Tunstead. *Norf.*	3B 10
Turnford. *Herts.*	3A 38
Turvey. *Beds*	1A 28
Tuttington. *Norf.*	3B 10
Twenty. *Linc.*	3C 5
Twinstead. *Essx.*	3B 32
Twinstead Green. *Essx.*	3B 32
Twyford. *Norf*	3D 9
Twywell. *Nptn*	2A 20
Tyby. *Norf.*	3D 9
Tydd Gote. *Linc.*	1B 14
Tydd St Giles. *Cambs.*	1B 14
Tydd St Mary. *Linc.*	1B 14
Tye Green. *Essx.*	1C 39
(nr. Bishop's Stortford)	
Tye Green. *Essx.*	1A 40
(nr. Braintree)	
Tye Green. *Essx.*	3C 31
(nr. Saffron Walden)	
Tyler's Green. *Essx*	3C 39
Tyringham. *Mil*	2A 28

U

Ubbeston Green. *Suff.*	2C 27
Uffington. *Linc.*	2B 12
Ufford. *Pet.*	2B 12
Ufford. *Suff.*	1B 34
Uggeshall. *Suff.*	2D 27
Ugley. *Essx.*	1C 39
Ugley Green. *Essx.*	1C 39
Ulting. *Essx.*	3B 40
Undley. *Suff.*	1D 23
Upend. *Cambs.*	1A 32
Upgate. *Norf.*	1A 18
Upgate Street. *Norf.*	3D 17
Upper Benefield. *Nptn*	1A 20
Upper Caldecote. *Beds.*	2C 29
Upper Dean. *Beds*	3B 20
Upper Dovercourt. *Essx.*	3B 34
Upper Dunsley. *Herts.*	2A 36
Upper Gravenhurst. *Beds.*	3C 29
Upper Green. *Essx.*	3B 30
Upper Hambleton. *Rut.*	2A 12
Upper Hellesdon. *Norf.*	1B 18
Upper Layham. *Suff.*	2D 33
Upper North Dean. *Buck.*	3A 36
Upper Shelton. *Beds.*	2A 28
Upper Sheringham. *Norf*	1A 10
Upper Staploe. *Beds*	1C 29
Upper Stoke. *Norf.*	2B 18
Upper Stondon. *Beds*	3C 29
Upper Street. *Norf.*	1C 19
(nr. Horning)	
Upper Street. *Norf.*	1C 19
(nr. Hoveton)	
Upper Street. *Suff.*	3A 34
Upper Sundon. *Beds*	1B 36
Uppingham. *Rut.*	3A 12
Upshire. *Essx*	3B 38
Upthorpe. *Suff.*	2C 25
Upton. *Cambs.*	2C 21
Upton. *Norf.*	1C 19
Upton. *Pet.*	2C 13
Upton End. *Beds*	3C 29
Upware. *Cambs.*	2C 23
Upwell. *Cambs.*	2B 14
Upwick Green. *Herts.*	1B 38
Upwood. *Cambs.*	1D 21

W

Wacton. *Norf.*	3A 18
Wadenhoe. *Nptn*	1B 20
Wadesmill. *Herts.*	2A 38
Wakerley. *Nptn*	3A 12
Wakes Colne. *Essx*	1B 40
Walberswick. *Suff.*	2D 27
Walcot. *Linc.*	2B 4
Walcot Green. *Norf.*	1A 26
Walcott. *Norf.*	2C 11
Waldringfield. *Suff.*	2B 34
Walkern. *Herts.*	1D 37
Wallington. *Herts.*	3D 29
Walpole. *Suff.*	2C 27
Walpole Cross Keys. *Norf*	1C 15
Walpole Gate. *Norf*	1C 15
Walpole Highway. *Norf*	1C 15
Walpolelane. *Suff.*	2C 27
Walpole Marsh. *Norf.*	1B 14
Walpole St Andrew. *Norf*	1C 15
Walpole St Peter. *Norf.*	1C 15
Walsham le Willows. *Suff.*	2D 25
Walsoken. *Cambs.*	1B 14
Walsworth. *Herts.*	3C 29
Waltham Abbey. *Essx*	3A 38
Waltham Cross. *Herts.*	3A 38
Waltham's Cross. *Essx*	3D 31
Walton. *Mil.*	3A 28
Walton. *Pet.*	2C 13
Walton. *Suff.*	3B 34
Walton Highway. *Norf*	1B 14
Walton-on-the-Naze. *Essx*	1B 42
Wangford. *Suff.*	1A 24
(nr. Lakenheath)	
Wangford. *Suff.*	2D 27
(nr. Southwold)	
Wansford. *Cambs.*	3B 12
Warboys. *Cambs.*	1A 22
Ward Green. *Suff.*	3D 25
Wardhedges. *Beds.*	3B 28
Wardy Hill. *Cambs.*	1B 22
Ware. *Herts.*	2A 38
Wareside. *Herts.*	2A 38
Waresley. *Cambs.*	1D 29
Wargate. *Linc.*	2D 5
Warham. *Norf.*	1C 9
Warkton. *Nptn*	2A 20
Warmington. *Nptn.*	3B 12
Warners End. *Herts*	3B 36
Warrington. *Mil.*	1A 28
Washbrook. *Suff.*	2A 34
Waterbeach. *Cambs.*	3B 22
Waterden. *Norf.*	2B 8
Water End. *Beds.*	3B 28
Water End. *Herts.*	3D 37
(nr. Hatfield)	
Water End. *Herts.*	2B 3?
(nr. Hemel Hempstead)	
Waterford. *Herts.*	2A 3?
Waterloo. *Norf.*	1B 1?
Water Newton. *Cambs.*	3C 1?
Waterside. *Buck.*	3A 3?
Waterside. *Cambs.*	2D 2?
Watford. *Herts.*	3B 3?
Watlington. *Norf*	1D 1?
Wattisfield. *Suff.*	2D 2?
Wattisham. *Suff.*	1D 3?
Watton. *Norf.*	2C 1?
Watton at Stone. *Herts.*	2D 3?
Wavendon. *Mil*	3A 2?
Waxham. *Norf.*	3D 1?
Way Head. *Cambs.*	1B 2?
Weasenham All Saints. *Norf*	3B 8
Weasenham St Peter. *Norf*	3B 8
Weekley. *Nptn*	1A 20
Weeley. *Essx.*	1A 42
Weeley Heath. *Essx*	1A 42
Weeting. *Norf*	1A 24
Welborne. *Norf.*	1D 17
Welby. *Linc.*	2A 4
Welches Dam. *Cambs.*	1B 22
Weldon. *Nptn*	1A 20
Welham Green. *Herts.*	3D 37
Wellingborough. *Nptn*	3A 20
Wellingham. *Norf.*	3B 8
Wellpond Green. *Herts.*	1B 38
Wells-next-the-Sea. *Norf*	1C 9
Welney. *Norf.*	3C 15
Welwyn. *Herts.*	2D 37
Welwyn Garden City. *Herts.*	2D 37
Wendens Ambo. *Essx*	3C 31
Wending. *Norf.*	1C 17
Wendover. *Buck.*	3A 36
Wendy. *Cambs.*	2A 30
Wenhaston. *Suff.*	2D 27
Wennington. *Cambs.*	2D 21
Wentworth. *Cambs.*	2B 22
Wereham. *Norf.*	2D 15
Werrington. *Pet.*	2C 13
West Acre. *Norf.*	1A 16
West Barsham. *Norf*	2C 9
West Beckham. *Norf*	1A 10
West Bergholt. *Essx*	1C 41
West Bilney. *Norf.*	1A 16
Westborough. *Linc.*	1A 4
West Briggs. *Norf.*	1D 15
Westby. *Linc.*	3A 4
West Caister. *Norf.*	1D 19
West Deeping. *Linc.*	2C 13
West Dereham. *Norf.*	2D 15
West End. *Beds.*	1A 28
West End. *Cambs.*	3B 14
West End. *Herts.*	3D 37
West End. *Linc.*	1A 6
West End. *Norf.*	1D 19
Westerfield. *Suff.*	2A 34
Westfield. *Norf.*	1C 17
Westgate. *Norf.*	1C 9
Westhall. *Suff.*	1D 27
West Hanningfield. *Essx*	3A 40
West Head. *Norf.*	2C 15
Westhorpe. *Linc.*	2D 5
Westhorpe. *Suff.*	3D 25
West Leith. *Herts.*	2A 36
West Lexham. *Norf.*	1B 16
Westley. *Suff.*	3B 24
Westley Waterless. *Cambs.*	1D 31
West Lynn. *Norf.*	1D 15
West Mersea. *Essx.*	2D 41

54 East Anglia Regional Atlas

Westmill—Yoxford

Westmill. *Herts* . . . . 1A 38 (nr. Buntingford)	White Horse Common. *Norf*. 3C 11	Wilstone. *Herts* 2A 36	Woodton. *Norf*. 3B 18
Westmill. *Herts*. . . . . 3C 29 (nr. Hitchin)	White Notley. *Essx*. 2A 40	Wimbish. *Essx* 3C 31	Woodwalton. *Cambs*. 1D 21
West Newton. *Norf* 3D 7	White Roding. *Essx*. 2C 39	Wimbish Green. *Essx* 3D 31	Woolley. *Cambs*. 2C 21
Weston. *Herts*. 3D 29	Whitestreet Green. *Suff* . . . 3C 33	Wimblington. *Cambs*. 3B 14	Woolmer Green. *Herts* . . . 2D 37
Weston. *Linc*. 3D 5	Whitington. *Norf*. 3A 16	Wimbotsham. *Norf*. 2D 15	Woolpit. *Suff*. 3C 25
Weston. *Suff*. 1D 27	Whittlesey. *Cambs*. 3D 13	Windsor Green. *Suff*. 1B 32	Woolsthorpe. *Linc*. . . . . . . 3A 4 (nr. Colsterworth)
Weston Colville. *Cambs*. . . 1D 31	Whittlesford. *Cambs* 2B 30	Winfarthing. *Norf*. 1A 26	Woolsthorpe. *Linc*. . . . . . . 2A 4 (nr. Grantham)
Weston Ditch. *Suff*. 2D 23	Whitwell. *Herts* 1C 37	Wing. *Buck* 1A 36	Woolverstone. *Suff*. 3A 34
Weston Green. *Cambs*. . . . 1D 31	Whitwell. *Rut*. 2A 12	Wing. *Rut* 2A 12	Wootton. *Beds* 2B 28
Weston Green. *Norf*. 1A 18	Wicken. *Cambs*. 2C 23	Wingfield. *Beds* 1B 36	Workhouse Green. *Suff* . . . 3C 33
Weston Hills. *Linc* 1D 13	Wicken Bonhunt. *Essx*. . . . 3B 30	Wingfield. *Suff*. 2B 26	Worlingham. *Suff* 3D 19
Westoning. *Beds* 3B 28	Wicken Green Village. *Norf*. 2B 8	Wingrave. *Buck* 2A 36	Worlington. *Suff*. 2D 23
Weston Longville. *Norf* . . . 1A 18	Wicker Street Green. *Suff*. 2C 33	Winston. *Suff* 3A 26	Worlingworth. *Suff* 3B 26
Weston Turville. *Buck* 2A 36	Wickham Bishops. *Essx*. . . 2B 40	Winterton-on-Sea. *Norf* . . . 1D 19	Wormegay. *Norf* 1D 15
Weston Underwood. *Mil* 1A 28	Wickhambrook. *Suff* 1A 32	Winwick. *Cambs* 1C 21	Wormingford. *Essx* 3C 33
West Perry. *Cambs* 3C 21	Wickham Green. *Suff* 3D 25	Wisbech. *Cambs* 1B 14	Wormley. *Herts* 3A 38
West Poringland. *Norf*. . . . 2B 18	Wickham Market. *Suff*. . . . 1B 34	Wisbech St Mary. *Cambs*. 2B 14	Worstead. *Norf*. 3C 11
West Raynham. *Norf*. 3B 8	Wickhampton. *Norf*. 2D 19	Wissett. *Suff*. 2C 27	Wortham. *Suff* 2D 25
West Row. *Suff*. 2D 23	Wickham Skeith. *Suff*. . . . 3D 25	Wistow. *Cambs* 1D 21	Worthing. *Norf* 1C 17
West Rudham. *Norf*. 3B 8	Wickham St Paul. *Essx*. . . 3B 32	Witcham. *Cambs*. 1B 22	Wortwell. *Norf* 1B 26
West Runton. *Norf* 1A 10	Wickham Street. *Suff* 3D 25	Witchford. *Cambs* 2C 23	Wothorpe. *Nptn*. 2B 12
Westry. *Cambs* 3A 14	Wicklewood. *Norf* 2D 17	Witham. *Essx* 2B 40	Wrabness. *Essx*. 3A 34
West Somerton. *Norf* 1D 19	Wickmere. *Norf* 2A 10	Witham on the Hill. *Linc*. 1B 12	Wramplingham. *Norf*. 2A 18
West Stow. *Suff*. 2B 24	Widdington. *Essx* 3C 31	Withergate. *Norf* 3B 10	Wrangle. *Linc* 1B 6
West Tofts. *Norf* 3B 16	Widford. *Essx*. 3D 39	Withermarsh Green. *Suff*. 3D 33	Wrangle Lowgate. *Linc* . . . 1B 6
West Walton. *Norf*. 1B 14	Widford. *Herts*. 2B 38	Withersdale Street. *Suff*. . . 1B 26	Wreningham. *Norf*. 3A 18
Westwick. *Cambs* 3B 22	Widmer End. *Buck* 3A 36	Withersfield. *Suff* 2D 31	Wrentham. *Suff*. 1D 27
Westwick. *Norf*. 3B 10	Wiggenhall St Germans. *Norf*. 1C 15	Witnesham. *Suff*. 1A 34	Wrestlingworth. *Beds* 2D 29
West Wickham. *Cambs* . . . 2D 31	Wiggenhall St Mary Magdalen. *Norf*. 1C 15	Wittering. *Pet* 2B 12	Wretham. *Norf* 3C 17
West Willoughby. *Linc*. 1A 4	Wiggenhall St Mary the Virgin. *Norf*. 1C 15	Witton. *Norf* 2C 19	Wretton. *Norf* 2D 15
West Winch. *Norf* 1D 15	Wiggenhall St Peter. *Norf*. 1D 15	Witton Bridge. *Norf*. 2C 11	Wright's Green. *Essx*. . . . 2C 39
Westwood. *Pet* 3C 13	Wiggens Green. *Essx*. . . . 2D 31	Wivenhoe. *Essx*. 1D 41	Writtle. *Essx* 3D 39
West Wratting. *Cambs*. . . . 1D 31	Wigginton. *Herts*. 2A 36	Wiveton. *Norf* 1D 9	Wroxham. *Norf*. 1C 19
Wetherden. *Suff* 3D 25	Wighton. *Norf*. 1C 9	Wix. *Essx* 1A 42	Wyatt's Green. *Essx*. 3C 39
Wetheringsett. *Suff*. 3A 26	Wigsthorpe. *Nptn*. 1B 20	Wixoe. *Suff*. 2A 32	Wyberton. *Linc* 1A 6
Wethersfield. *Essx*. 3A 32	Wigtoft. *Linc*. 2D 5	Woburn. *Beds* 3A 28	Wyboston. *Beds* 1C 29
Wetherup Street. *Suff* . . . 3A 26	Wilburton. *Cambs* 2B 22	Woburn Sands. *Mil* 3A 28	Wyddial. *Herts*. 3A 30
Weybourne. *Norf*. 1A 10	Wilby. *Norf* 3D 17	Wolferton. *Norf*. 3D 7	Wykeham. *Linc*. 3D 5
Weybread. *Suff*. 1B 26	Wilby. *Nptn*. 3A 20	Wollaston. *Nptn*. 3A 20	Wymington. *Beds* 3A 20
Whaddon. *Cambs* 2A 30	Wilby. *Suff*. 2B 26	Wolterton. *Norf* 2A 10	Wymondham. *Leics*. 1A 12
Whaplode. *Linc* 3A 6	Wilden. *Beds*. 1B 28	Woodbastwick. *Norf* 1C 19	Wymondham. *Norf*. 2A 18
Whaplode Drove. *Linc* 1A 14	Wilde Street. *Suff* 2A 24	Woodbridge. *Suff*. 2B 34	Wyton. *Cambs* 2D 21
Whaplode St Catherine. *Linc*. 3A 6	Wilden. *Mil*. 2A 28	Wood Dalling. *Norf* 3D 9	Wyverstone. *Suff*. 3D 25
Wharley End. *Beds* 2A 28	Willian. *Herts* 3D 29	Woodditton. *Cambs*. 1D 31	Wyverstone Street. *Suff*. . . 3D 25
Whatfield. *Suff* 2D 33	Willingale. *Essx*. 3C 39	Wood End. *Herts* 1A 38	Wyville. *Linc* 3A 4
Wheatacre. *Norf* 3D 19	Willingham. *Cambs* 2B 22	Woodend Green. *Essx* . . . 1C 39	
Wheathampstead. *Herts*. 2C 37	Willingham Green. *Cambs*. 1D 31	Woodford. *Nptn*. 2A 20	**Y**
Whelpley Hill. *Buck* 3A 36	Willington. *Beds* 2C 29	Woodgate. *Norf*. 1D 17	
Whepstead. *Suff*. 1B 32	Willisham Tye. *Suff*. 1D 33	Woodham Ferrers. *Essx*. . . 3A 40	Yardley Hastings. *Nptn* . . . 1A 28
Wherstead. *Suff*. 2A 34	Willows Green. *Essx* 2A 40	Woodham Mortimer. *Essx* 3B 40	Yarwell. *Nptn*. 3B 12
Whimpwell Green. *Norf* . . . 3C 11	Wilney Green. *Norf* 1D 25	Woodham Walter. *Essx*. . . 3B 40	Yaxham. *Norf* 1D 17
Whinburgh. *Norf*. 2D 17	Wilsford. *Linc* 1B 4	Woodhurst. *Cambs* 2A 22	Yaxley. *Cambs* 3C 13
Whipsnade. *Beds* 2B 36	Wilstead. *Beds* 2B 28	Woodnewton. *Nptn*. 3B 12	Yaxley. *Suff*. 2A 26
Whissonsett. *Norf* 3C 9	Wilsthorpe. *Linc* 1B 12	Woodnook. *Linc*. 2A 4	Yelden. *Beds* 3B 20
Whiston. *Nptn*. 3A 20		Wood Norton. *Norf*. 3D 9	Yelling. *Cambs* 3D 21
Whiteash Green. *Essx* . . . 3A 32		Woodrising. *Norf*. 2C 17	Yelverton. *Norf* 2B 18
White Colne. *Essx* 1B 40		Woodside. *Herts* 3D 37	Young's End. *Essx*. 2A 40
		Woodston. *Pet* 3C 13	Yoxford. *Suff*. 3C 27

Every possible care has been taken to ensure that the information given in this publication is accurate and whilst the publishers would be grateful to learn of any errors, they regret they cannot accept any responsibility for loss thereby caused.

The representation on the maps of a road, track or footpath is no evidence of the existence of a right of way.

The Grid on this map is the National Grid taken from Ordnance Survey mapping with the permission of the Controller of Her Majesty's Stationery Office.

Copyright of Geographers' A-Z Map Co. Ltd.

No reproduction by any method whatsoever of any part of this publication is permitted without the prior consent of the copyright owners.

East Anglia Regional Atlas 55

CITY & TOWN CENTRE PLANS

Bedford	56	Ely	58	Norwich	59
Bury St. Edmunds	56	Great Yarmouth	58	Peterborough	59
Cambridge	57	Ipswich	58	Harwich Port Plan	60
Chelmsford	57	Kings Lynn	58	London Stansted Airport	60
Colchester	57	Luton	59		

Reference to Town Plans

- MOTORWAY
- MOTORWAY UNDER CONSTRUCTION
- MOTORWAY JUNCTIONS WITH NUMBERS
  - Unlimited Interchange
  - Limited Interchange
- PRIMARY ROUTE
- PRIMARY ROUTE JUNCTION WITH NUMBER
- DUAL CARRIAGEWAY
- CLASS A ROAD
- CLASS B ROAD
- MAJOR ROAD UNDER CONSTRUCTION
- MAJOR ROAD PROPOSED
- MINOR ROAD
- RESTRICTED ACCESS
- PEDESTRIAN ROAD & MAIN FOOTWAY
- ONE WAY STREET
- TOLL
- RAILWAY AND B.R. STATION
- UNDERGROUND, D.L.R. & METRO STATION
- LEVEL CROSSING AND TUNNEL
- TRAM STOP AND ONE WAY TRAM STOP
- BUILT UP AREA
- ABBEY, CATHEDRAL, PRIORY ETC.

- BUS STATION
- CAR PARK (Selection of)
- CHURCH
- CITY WALL
- FERRY (Vehicuiar)
  - (Foot only)
- GOLF COURSE
- HELIPORT
- HOSPITAL
- INFORMATION CENTRE
- LIGHTHOUSE
- MARKET
- NATIONAL TRUST PROPERTY (Open)
  - (Restricted opening)
  - (National Trust of Scotland)
- PARK & RIDE
- PLACE OF INTEREST
- POLICE STATION
- POST OFFICE
- SHOPPING AREA (Main street and precinct)
- SHOPMOBILITY
- TOILET
- VIEWPOINT

BEDFORD

BURY ST. EDMUNDS

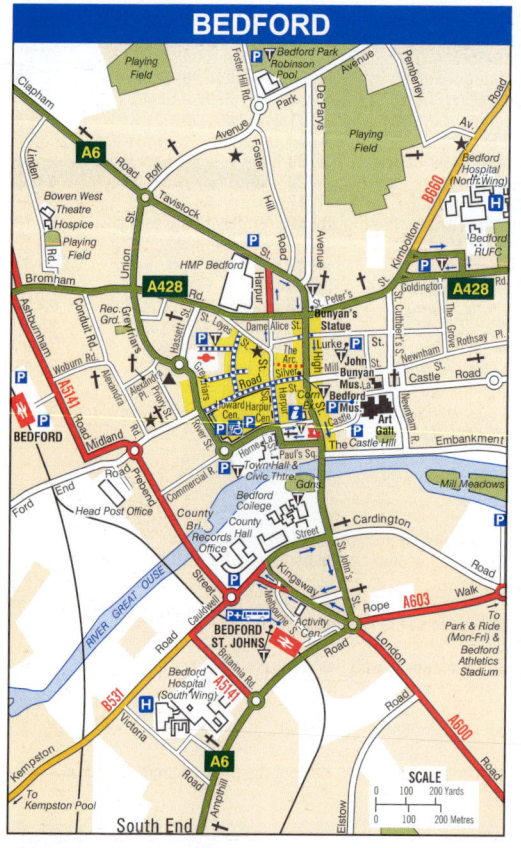

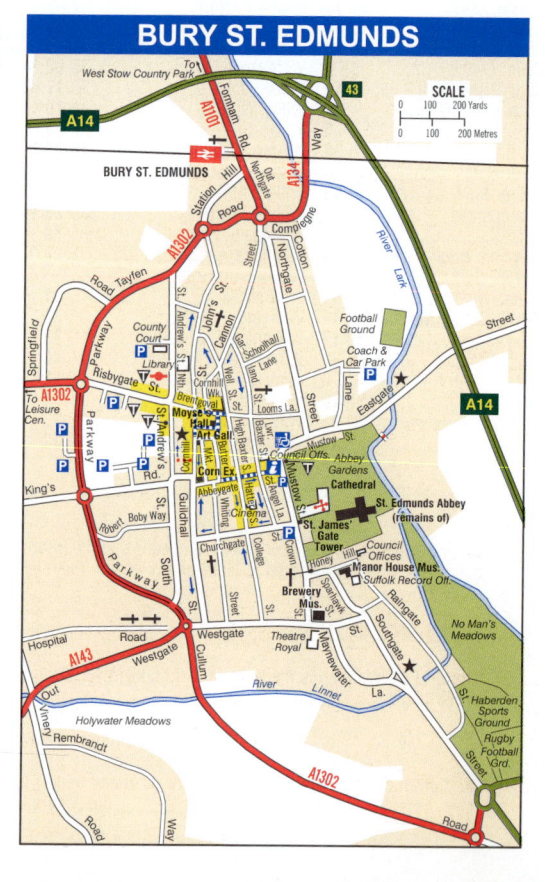

56 East Anglia Regional Atlas

CAMBRIDGE

KEY TO COLLEGES
1. Cambridge Regional College
2. Christ's College
3. Churchill College
4. Clare College
5. Clare Hall
6. Corpus Christi College
7. Darwin College
8. Downing College
9. Emmanuel College
10. Fitzwilliam College
11. Gonville & Caius College
12. Hughes Hall
13. Jesus College
14. King's College
15. Lucy Cavendish College
16. Magdalene College
17. New Hall
18. Newnham College
19. Pembroke College
20. Peterhouse College
21. Queens' College
22. Ridley Hall
23. Robinson College
24. St.Catharine's College
25. St.Edmund's College
26. St. John's College
27. Selwyn College
28. Sidney Sussex College
29. Trinity College
30. Trinity Hall
31. Westminster College
32. Wolfson College

CHELMSFORD

COLCHESTER

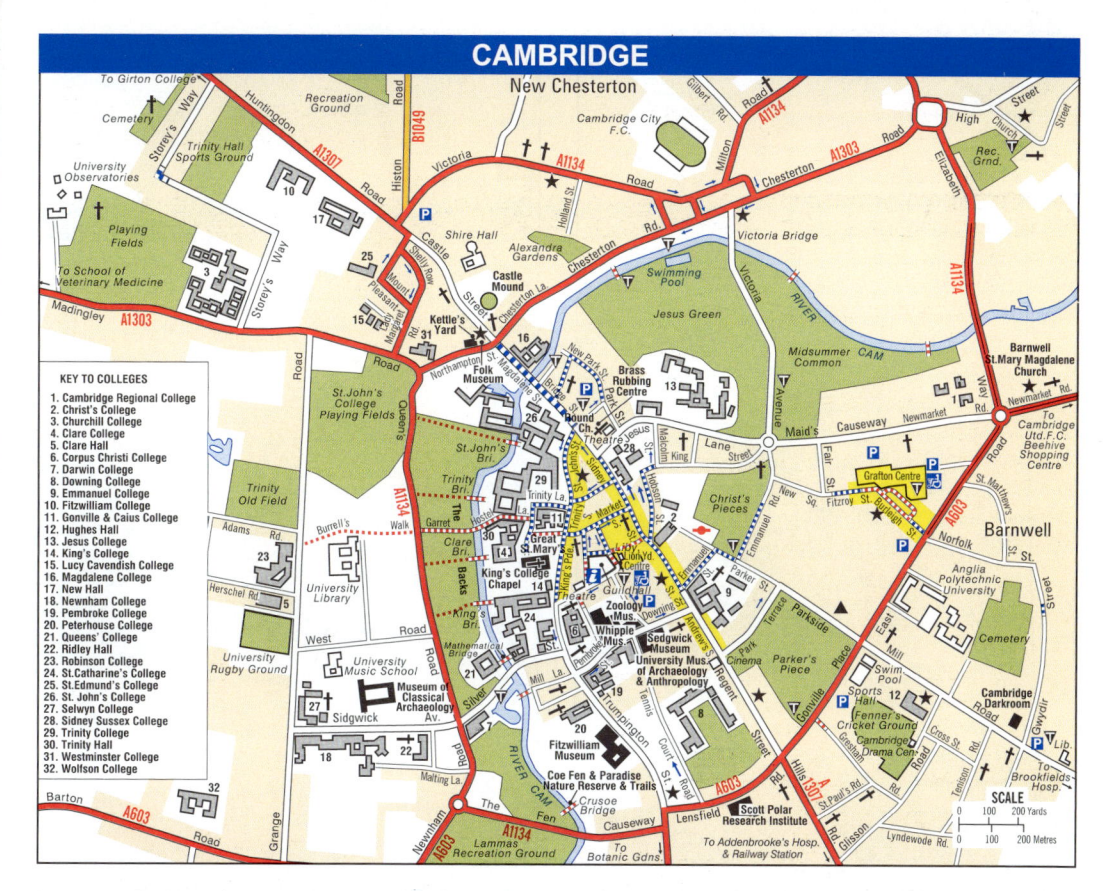

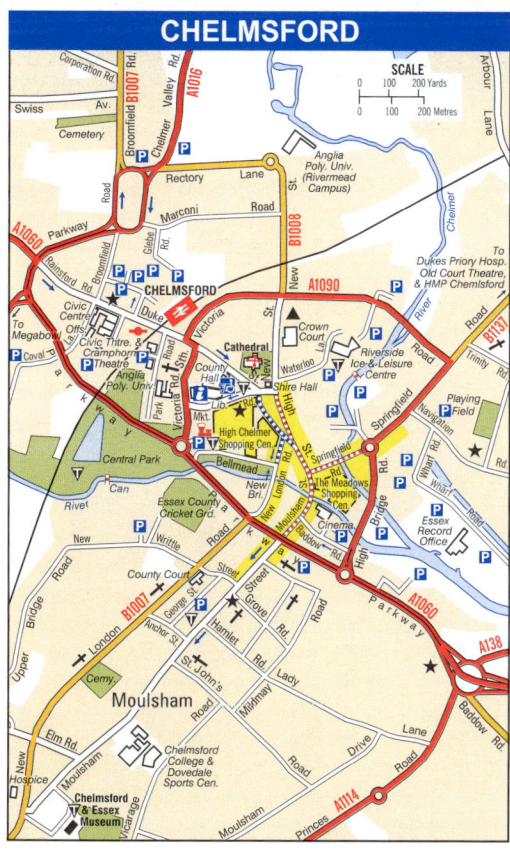

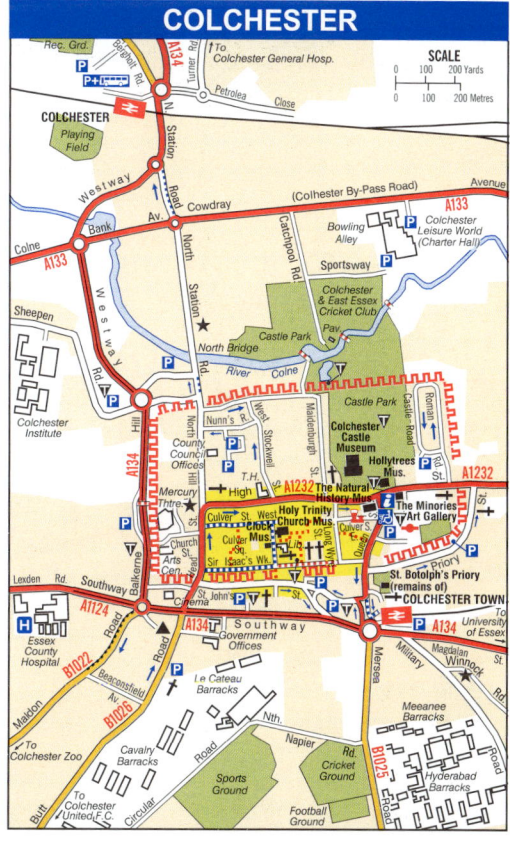

East Anglia Regional Atlas 57

ELY

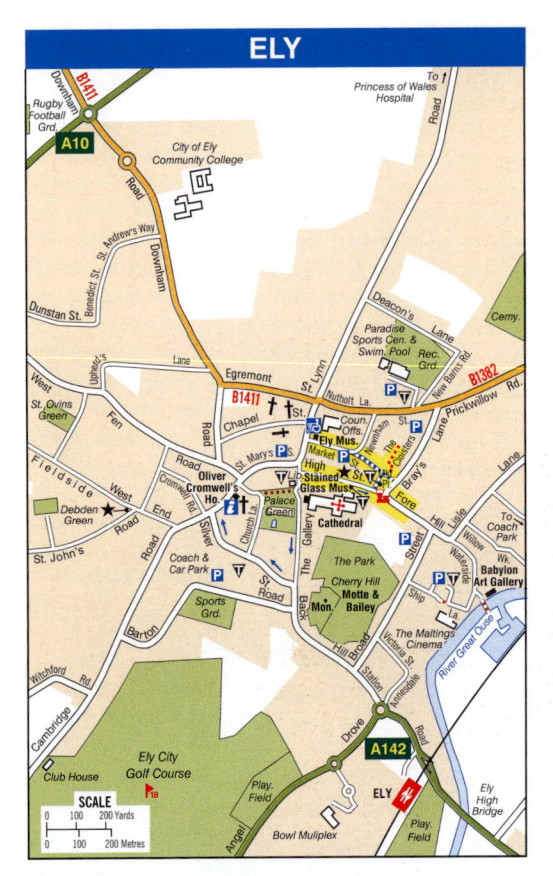

GREAT YARMOUTH

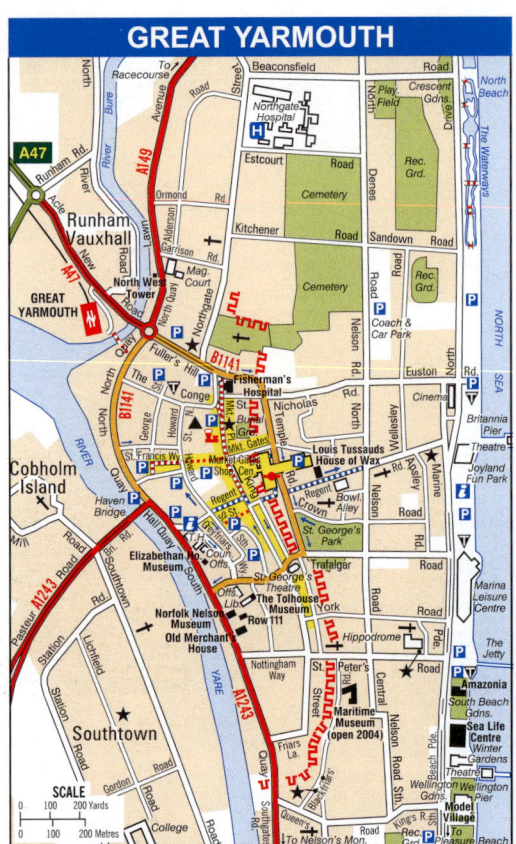

IPSWICH

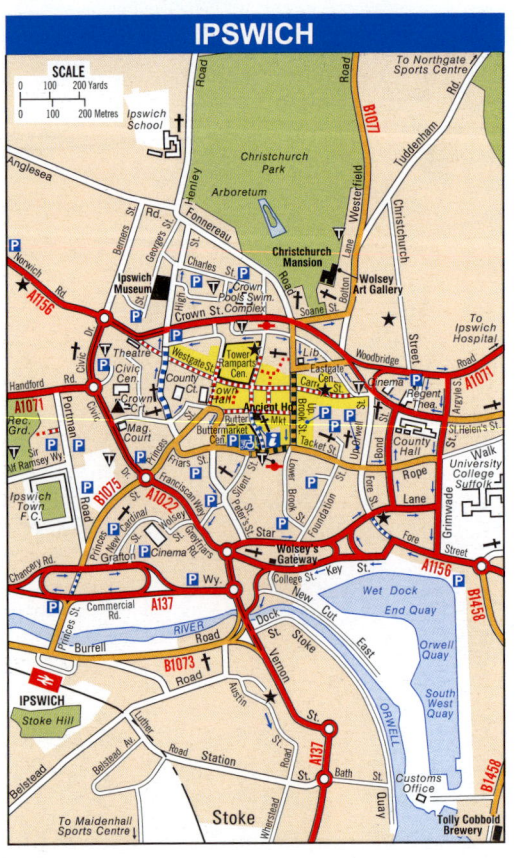

KINGS LYNN

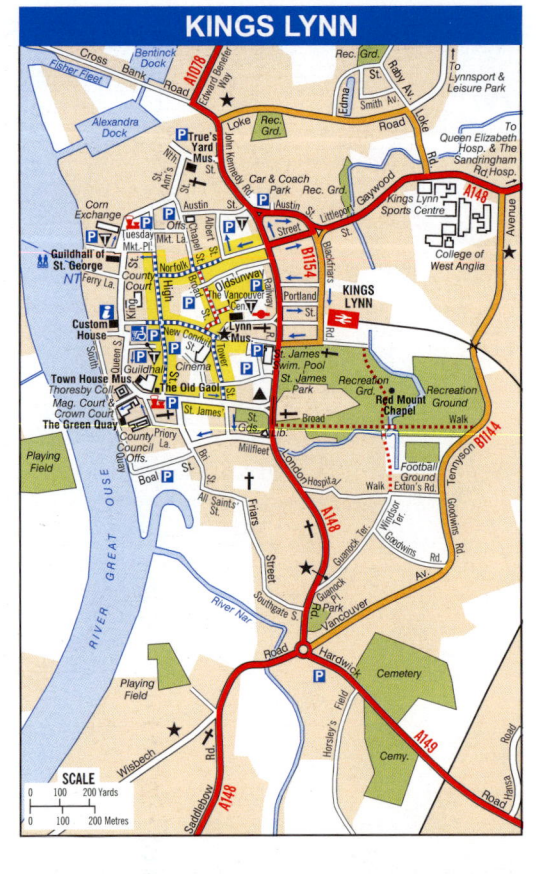

58 East Anglia Regional Atlas

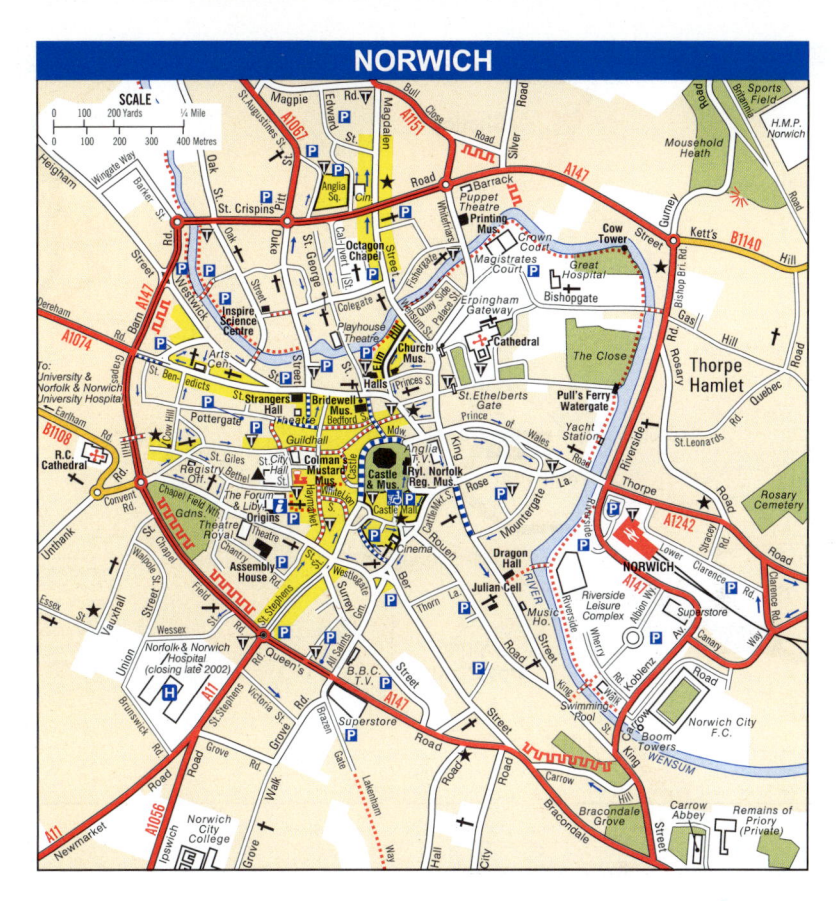

East Anglia Regional Atlas 59

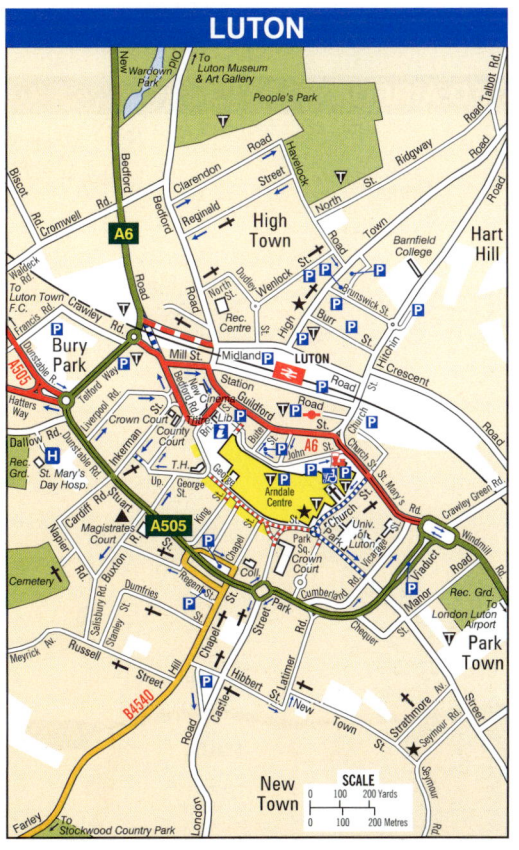

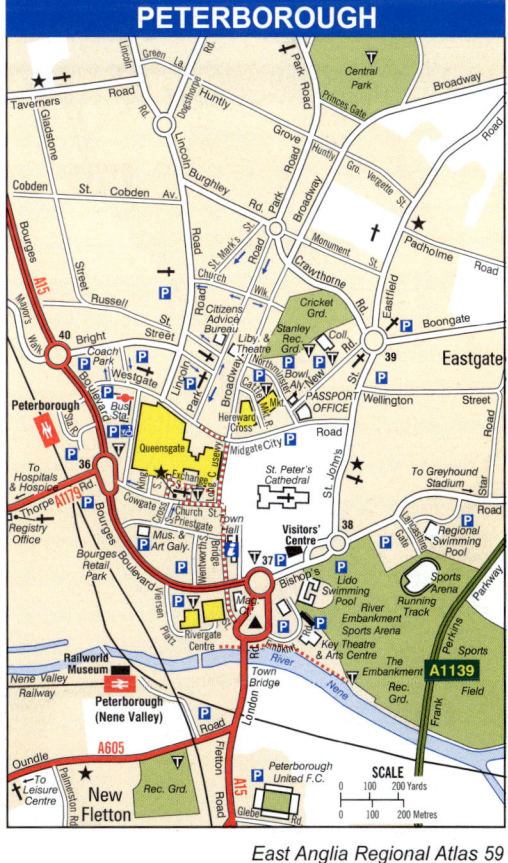

HARWICH PORT

Harkstead, Shotley, Erwarton, Shotley Gate, River Orwell, Walton, FELIXSTOWE, Ferry Terminal, River Stour, Harwich International, Parkeston, Harwich Harbour, HARWICH, Ramsey, Upper Dovercourt, Little Oakley

Harwich to:
Esbjerg 19hrs.
Hamburg 20hrs.
Hook of Holland 6hrs. 30mins.
Hook of Holland 3hrs. 40mins.
(Fast Ferry)

SCALE
0 — 1 Mile
0 — 1 Kilometre

LONDON STANSTED AIRPORT

Molehill Green, Tye Green, Stansted Mountfitchet, Burton End, Terminal, Satellite, Stanstead Airport, Cargo, Birchanger, Hotel, BISHOP'S STORTFORD, Takeley Street, Takeley, Birchanger Green, Start Hill, Hatfield Forest Country Park

SCALE
0 — ½ Mile
0 — 500 Metres

60 East Anglia Regional Atlas

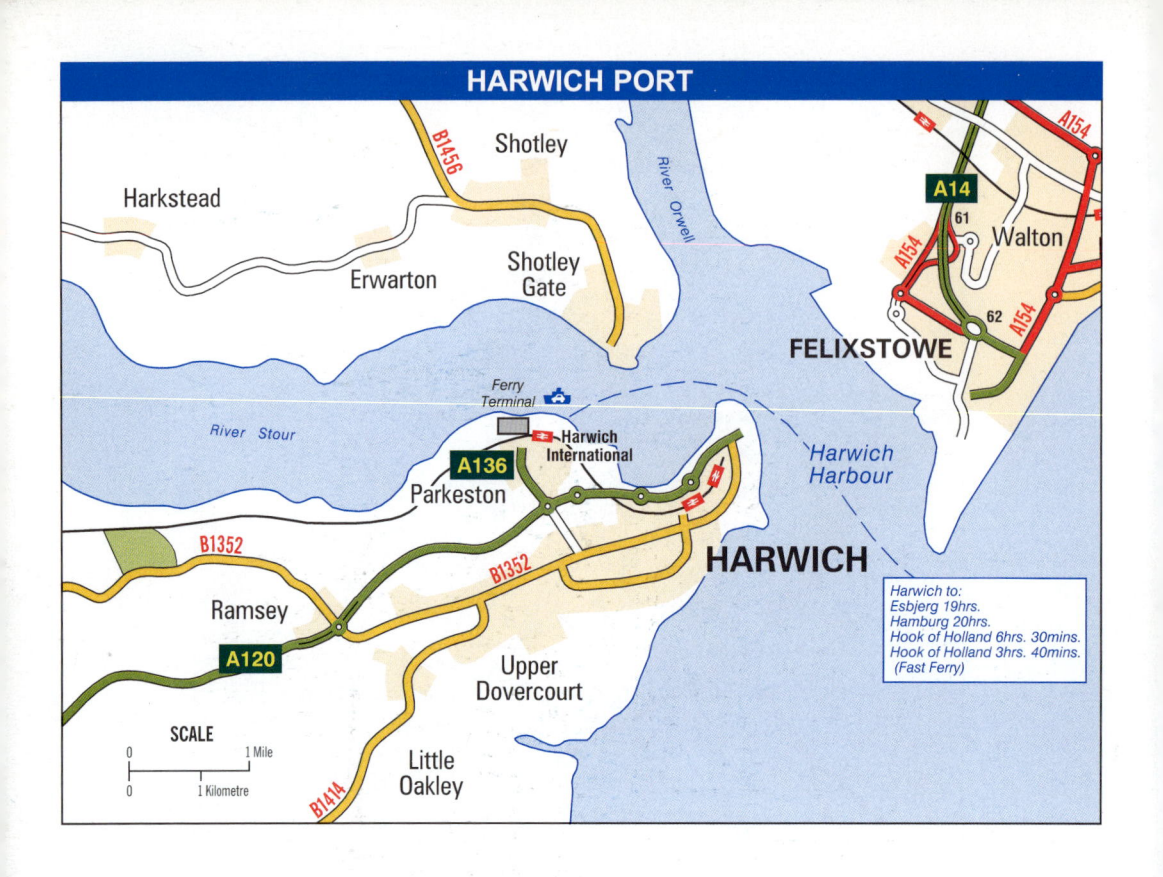

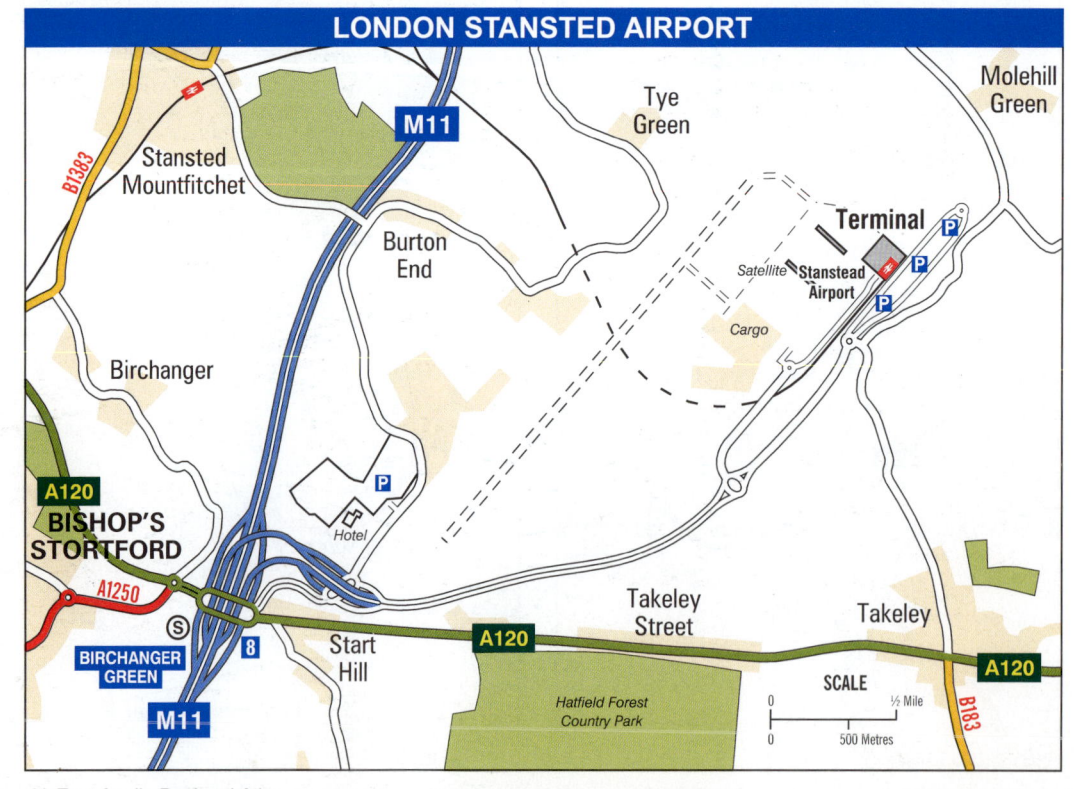